유태인 아빠가 들려주는
아이를 가슴으로 키우는 51가지 방법

유태인 아빠가 들려주는

아이를 가슴으로 키우는 51가지 방법

초판 1쇄 인쇄 ·2017년 2월 1일
초판 1쇄 발행 ·2017년 2월 6일

지은이 · 조미현
펴낸이 · 이춘원
펴낸곳 · 책이있는마을
기　획 · 강영길
편　집 · 이경미
디자인 · 디자인오투
마케팅 · 강영길

주　　소 · 경기도 고양시 일산동구 무궁화로120번길 40-14 (정발산동)
전　　화 · (031) 911-8017
팩　　스 · (031) 911-8018
이메일 · bookvillagekr@hanmail.net
등록일 · 1997년 12월 26일
등록번호 · 제10-1532호

ISBN　978-89-5639-274-5　(03370)

이 도서의 국립중앙도서관 출판예정도서목록(CIP)은 서지정보유통지
원시스템 홈페이지(http://seoji.nl.go.kr)와 국가자료공동목록시스템
(http://www.nl.go.kr/kolisnet)에서 이용하실 수 있습니다.(CIP제어
번호: CIP2017002565)

유태인 아빠가
들려주는

조미현 지음

아이를 가슴으로
키우는 51가지 방법

책이있는마을

'유대인은 머리가 뛰어나다'고 하는 말은 이제 너무나 보편적인 상식으로 통하는 것 같습니다. 실제로 역사상 이름을 떨친 인물들 가운데 상당수가 유대인이었습니다. 오늘날에도 유대인들은 정치 · 경제 · 사회 · 문화 등 거의 모든 분야에서 막강한 영향력을 행사하고 있습니다.

가령 현재 미국의 전체 인구 중 유대인이 차지하는 비율은 고작 3퍼센트 정도에 지나지 않습니다. 그런데 미국 내의 권위 있는 대학 교수 중 유대인이 차지하는 비율은 약 30퍼센트가 넘는다고 합니다. 아주 놀랄 만한 일이지요. 더더욱 놀라운 것은 오늘날까지 노벨상을 수상한 인물 중 약 15퍼센트가 유대인이라는 사실입니다.

이와 같은 유대인 특유의 성공 비결은 과연 어디에서 비롯되는 걸까요?

유대인 두뇌가 선천적으로 우수해서일까요? 그렇지는 않을 것입니다. 그렇게 우수한 두뇌를 가진 유대인이 2500여 년 동안이나 나라도 없이 세계 각지를 떠돌아다니고 저 아우슈비츠의 참상 같은 비극을 겪었을 리는 없을 테니까요.

사실 유대인의 우수성은 유대인 부모들의 헌신적인 자녀교육에 기인합니다. 유대인 부모는 무엇보다도 자기 자녀에게 삶의 지혜를 가르쳐주는 것을 최대의 교육이라고 생각합니다. 특히 자녀교육에 있어서 유대인 부모는 어머니로서의 역할과 아버지로서의 역할이 따로 있다고 믿습니다.

　이를테면 유대인 가정에서 어머니의 역할은 자녀에게 안정된 정서와 풍부한 상상력을 키워주는 데 있다면 아버지의 역할은 자녀에게 삶의 올바른 도리와 덕목들에 대한 지혜를 가르쳐주는 데 있다고 할 수 있습니다.

　물론 자녀를 교육하는 데 있어 부모의 역할을 따로 구분하는 것은 그다지 큰 의미가 없겠지요. 하지만 경우에 따라서는 그러한 역할 구분이 반드시 필요하다는 것이 유대인 부모들의 생각입니다.

　이처럼 가정에서 어머니와 아버지가 각자의 역할을 충실히 수행함으로써 자녀들이 올바르고 창의적이며 지혜로운 사람이 될 수 있도록 이끌어주는 것, 바로 이것이야말로 유대식 가정교육의 핵심이라고 할 수 있습니다.

　그래서 이 책은 자녀교육에 있어서 지나치게 획일화된 사고방식을 강요하는 면이 없지 않은 한국의 부모들, 특히 아버지들에게 시사하는 바가 적지 않을 것이라고 생각합니다.

　끝으로 이 책이 행복한 가정의 밑거름이 되는 올바른 자녀교육의 작은 지침이라도 되었으면 하는 마음 간절합니다.

2017년 1월
조미현

1장

창의적 아이의 열쇠는 아버지에게 달려 있다

창의적 아이의 시작은 가정교육에서부터! | 창의적 아이의 열쇠는 어머니보다 아버지가 쥐고 있다
내 아이를 성공시키고 싶다면 아버지부터 변화하라 | 아이의 꿈을 존중하라
놀이 기구는 아버지가 만들어 주는 게 좋다 | 구체적이고 확실한 것을 가르치라

창의적 아이의 시작은
가정교육에서부터!

유대인 가정을 방문해 보면 놀라운 장면을 목격하게 됩니다. 먼저 가장 놀라는 점은, 한 집에 보통 아이들이 10여 명 가까이 된다는 사실입니다. 많은 경우에 10명을 훌쩍 넘어가기도 합니다. 왜 이렇게 아이들이 많은 것일까요? 그것은 아이들을 바라보는 유대인들의 가치관이 다른 나라나 민족의 그것과 다르기 때문이라 할 수 있습니다. 즉, 유대인들에게 있어 아이들이란 신의 선물로서 '희망'을 상징합니다. 사람은 희망이 있어야 힘을 내어 살아갈 수 있는 존재입니다. 그 희망이 유대인들에게 있어 '아이들'이라는 것이지요. 따라서 유대인들은 산아 제한을 하지 않고, 그러다 보니 한 가정에 보통 10명이 넘는 아이들이 북적대는 것입니다.

분명 이것은 우리의 현실에 비춰 볼 때, 마치 먼 나라 모습처럼 비칠지도 모르겠습니다. 이 많은 아이들을 키운다는 것은 현실적으로 불가능하기 때문일 것입니다. 그럼에도 불구하고 유대인들은, 심지어 지금 세계의 중심이라 할 수 있는 뉴욕에 사는 유대인들조차 한 가정에 수많은 아이들로 북적댑니다. 더욱 놀라운 것은, 이 많은 아이들의 교육을 상당 부분 가정에서 담당하고 있다는 사실입니다. 도대체 유대인 부모들은 어떻게 이 많은 아이들을 어떤 방법으로 교육시키는 것일까요? 주목할 것은 바로 유대인들의 이 독특한 교육 방식 덕분에, 지금 유대인들이 전 세계 정치·경제·사회·학문 분야를 지배하고 있다는 사실입니다.

재미삼아 전 세계적으로 가장 우수한 민족이 어느 민족인가를 화제에 올릴 때가 있는데, 그때마다 여러 사람들 입에 오르내리는 민족이 바로 유대 민족입니다. 그것은 전 세계에 흩어져 사는 유대인의 수가 불과 1,500만 명 정도에 불과한데도 바로 이 유대인들이 세계 경제계, 학문계를 좌지우지하고 있는 것으로 충분히 증명할 수 있습니다. 지금 하버드 법대생의 40% 이상이 유대인이고 오바마 미국 대통령의 참모진들 거의 대부분이 유대인들이라 하니, 이것만 봐도 유대인들의 활약이 얼마나 대단한지 충분히 알 수 있을 것입니다.

도대체 유대인들의 어떤 교육 방식이 이렇게 위대한 결과를 낳게 된 것일까요? 지금 교육의 바탕이 흔들리고 있는 우리나라이기에, 이 부분은 정말이지 눈을 바짝 뜨고 살펴봐야 한다고 생각합니다. 먼저 유대인들은 세 살 때부터 알파벳 교육을 시킵니다. 그리고 다섯 살 때부터 토라 교육을 시키는데, 토라란 구약 성경의 모세 오경(유대인의 뿌리가 되는 역사와 율법을 담은 내용)을 뜻합니다. 이때 유대인 아이들은 자신들의 모국어인 '히브리어'를 동시에 공부하게 됩니다. 그리고 열 살이 되면 '미슈나'를 공부하게 되는데, 미슈나에는 『토라』에 쓰인 율법의 내용을 실제 생활에서 어떻게 실천할 것인가에 대한 내용이 담겨 있습니다. 따라서 유대인 아이들은 미슈나를 통해 삶을 어떻게 살아갈 것인가에 대한 지혜를 배우기 시작합니다. 마지막으로 유대인 아이들은 열다섯 살부터 우리도 익히 잘 알고 있는 『탈무드』를 배우게 되는데, 이 『탈무드』야말로 유대인들의 지혜를 최고로 끌어올리는 역할을 하게 됩니다. 왜냐하면 『탈무드』야말로 수천 년 떠돌이 생활을 해 왔던 유대인들의, 시대에 따른 지혜와 교훈이 고스란히 다 담긴 방대한 책이기 때문입니다. 『탈무드』는 역사·철학·문학·과학·의학 등 사회에서 일어나는 모든 분야에 대한 내용을 다루고 있으며, 총 63권에 이르는 방대한 책이기 때문에 유대인 아이들은 열다섯 살 때부터 시작된 『탈무드』 교육을 평생 동안 받으며 지식과 지혜를 익혀 나가게 됩니다.

여기서 주목해야 할 것은, 이러한 교육이 학교가 아니라 주로 가정 중심으로 이루어진다는 사실입니다. 전체 교육에서 학교가 담당하는 것은 거의 30%가 되지 않을 정도로 유대인 교육은 가정에 집중되어 있습니다. 우리의 상식으로는 열 명이 넘는 아이들을 그냥 키우기도 쉽지 않은데, 어떻게 가정에서 이 엄청난 교육까지 시킬 수 있는지 도대체 이해가 가지 않을 것입니다. 하지만 그들의 일상을 들여다 보면 '아! 이게 가능할 수도 있겠구나.'라는 생각이 듭니다.

먼저 유대인 가정에서 교육은 철저히 분업화 시스템을 갖추고 있다는 사실에 주목해야 합니다. 즉, 아버지와 어머니가 철저히 영역을 나누어 아이들을 교육하고 있는 것입니다. 우선 아버지는 가정의 머리로서 권위를 가지고 아이들에게 지식(IQ 부분)을 가르치는 역할을 담당합니다. 반면에 어머니는 가정의 가슴으로서 사랑으로 아이들에게 정서(EQ 부분)를 가르치는 역할을 담당합니다. 그리고 아이들은 앞에서도 이야기했듯이 가정의 '희망'을 상징하기 때문에 이러한 아이들에 대한, 어머니와 아버지의 교육은 절대 소홀히 다뤄질 수 없습니다. 따라서 아버지와 어머니는 유대인의 규율에 따른 교육을 한치의 소홀함 없이 성실하게 이뤄 나갈 수밖에 없습니다.

여기에 유대인 가정교육에 커다란 도움을 주는, 유대인들만의 시스템이 있으니 바로 '시너고그(유대인 교회당)'입니다. 유대인들은 토요일마다 시너고그에 모여 예배를 드리고 『탈무드』교육을 하는데, 이것이 유대인들의 자녀 교육에 커다란 역할을 합니다. 즉, 유대인 아버지들은 토요일이면 자녀들을 모두 데리고 시너고그로 가서 자신들만의 유대인 자녀 교육을 하는 것입니다. 물론 시너고그가 유대인 아버지들이 이러한 자녀 교육을 할 수 있는 공간으로 꾸며져 있는 것은 당연한 일입니다.

마지막으로 유대인들은 세상의 지식에 대한 부분을 가르치기 위해 학교에 보내는데, 이때 유대인 아이들은 이미 엄청난 가정교육으로 기초가 탄탄히 잡혀 있는 상황이기에 같은 또래의 다른 아이들보다 훨씬 앞서 나갈 수밖에 없는 것입니다. 어떤가요? 유대인들의 자녀 교육 시스템이 조금 복잡해 보일지 몰라도, 유대인들은 이처럼 자신들만의 독특한 자녀 교육 시스템을 통하여 각 분야에서 세계 제일의 인재들을 길러 내고 있습니다. 물론 이러한 시스템만으로 훌륭한 인재가 키워지는 것은 아니고, 더 깊숙이에는 '하브루타'라 불리는 철저한 대화식·토론식 교육도 숨어 있습니다.

우리의 교육은 어떤가요? 우리 아이들에게 '교육' 하면 학원과 학교밖에 잘 떠오르지 않습니다. 그리고 우리에게도 가정교육 시스템이 있기는 한가, 하는 의문이 드는 게 사실일 것입니다. 게다가 모든 교육이 지식 위주로 편중되어 있습니다. 여기에서 무슨 지혜나 창의가 나오기를 기대하는 것은 무리일 것입니다. 이런 상황에서 우리가 유대인들과 경쟁한다는 것은 마치 계란으로 바위를 치는 격이 아닐까요?

한편으로는 이럼에도 불구하고 우리가 세계 10위권 경제 대국이 되었다는 사실이 놀랍기도 합니다. 하지만 미래에 펼쳐질 세상은 또 다릅니다. 지금 세계의 경제는 어떻게 흘러갈지 모르는, 풍전등화와 같은 불안한 상황에 놓여 있는 것이 사실 아닙니까. 이 불안의 시대를 맞아 이구동성으로 미래에는 창의적 인재만이 인정받는 시대가 올 것이라 이야기하기도 합니다. 이런 상황에서 아이들의 교육은 더욱 중요한 화두로 떠오를 수밖에 없습니다. 게다가 창의적인 아이로 키워야 하는 것은 더 말할 나위 없겠지요. 그런 의미에서 이제 우리도 유대인들의 가정교육을 거울삼아 우리의 가정교육을 다시 돌아봐야 때가 왔다는 사실을 기억해야 할 것입니다.

창의적 아이의 열쇠는
어머니보다 아버지가 쥐고 있다

대개 우리나라 부모들은 자녀의 교육이란 어머니가 담당하는 것이라고 신앙처럼 믿고 있습니다. 그래서 대부분의 가정에서 아버지들은 자녀 교육에 관한 한 그저 방관자처럼 행동할 뿐입니다. 심지어 많은 가정의 아버지들은 자녀들과 대화조차 하지 않아 자녀들과의 관계가 서먹서먹하기조차 할 정도입니다. 반면에 어머니들은 아이 공부부터 학원 보내는 일, 심지어 아이 숙제에까지 관여하며 아이 교육에 열중합니다. 이때 목표는 오직 한 가지에 초점이 맞춰져 있지요. 바로 좋은 학교에 진학하여 좋은 직장에 들어가게 하는 것입니다.

하지만 유대인 가정에서 아이들의 교육은 이와 다릅니다. 앞에서도 이야기했듯이 유대인 가정에서 아버지와 어머니는 함께 자녀

교육에 참가합니다. 그중에서도 어머니보다 아버지의 역할이 절대적입니다. 토라 교육, 탈무드 교육 등 자녀에게 지식을 가르치는 교육은 몽땅 아버지가 담당하기 때문입니다.

"어떻게 돈까지 벌면서 그 많은 자식들의 교육까지 시킬 수 있단 말이야! 난 절대 못해!"

이쯤 되면 우리나라 아버지들의 입에서 이런 푸념들이 흘러나올 것입니다. 정말 이것은 현실적으로도 불가능해 보입니다. 하지만 불가능하다고 포기할 수도 없는 것이 오늘날 우리의 현실입니다. 우리의 가정을 한번 돌아보면 이대로 둘 수 없다는 이야기가 저절로 터져 나옵니다. 지금 학교에서의 왕따 사건, 청소년 자살 사건, 또 군대 총기 사건 등 대형 사고가 터질 때마다 사회의 눈은 요즘 아이들의 정서 교육 부재로 눈을 돌리게 마련입니다. 예전에는 이 정도까지는 아니었는데, 요즘 아이들은 신체적으로 커졌으나 정신적으로 너무 약해졌다는 것입니다. 그리고 이 모든 원인이 지나친 경쟁과 지식 위주의 교육에 있다고 이구동성으로 말합니다. 하지만 이러한 교육의 위기 속에서 누구도 대안을 제시하지 못하고 있습니다. 그저 학교 교육이나 정부의 교육 정책을 질타하는 정도입니다.

아쉽게도 위기의 교육 부재 현상에 대해 누구도 가정교육의 문제점을 이야기하지 않고 있습니다. 우리의 가정교육을 돌아보면 그야말로 황무지와 다름없는데도 말입니다. 어머니가 가정교육을 담당하고 있다 하지만 거의 학원에 의존하고 있는 상황입니다. 거기에다 학원이야말로 철저히, 그것도 지식만을 주입식으로 가르치는 곳입니다. 우리의 아이들은 어디에서도 인성을 위한 정서 교육이나 지혜 교육을 받고 있지 못한 것입니다. 이쯤 되면 이제 우리 아이들이 불쌍할 지경입니다.

　다시 유대인 가정으로 돌아가 보겠습니다. 도대체 유대인 아버지들은 그 바쁜 와중에도 그 많은 아이들을 어떻게 가르칠 수 있는 것일까요? 사실 이것은 태도의 문제에 달려 있다고 할 수 있습니다. 유대인 아버지들도 우리의 아버지들과 똑같이 바깥에 나가 일을 합니다. 그리고 일이 끝나면 집으로 돌아와 반드시 가족들과 저녁 식사를 함께 합니다. 여기서부터 우리의 아버지들과 유대인 아버지들의 차이가 나타나기 시작한다고 할 수 있습니다. 유대인 아버지들의 자녀 교육은 바로 이 식탁에서부터 시작되기 때문입니다. 식탁에서 아이들과 대화를 시작하는데, 이때 대화의 내용은 사사로운 일상사부터 시작해『토라』와『탈무드』등의 지식으로까지 나아갑니다. 특히 유대인 아버지들은『토라』와『탈무드』를 1년 52주로 나눠, 하루에 읽을 분량을 정해서 읽는 것을 원칙으로 하고 있습니다. 이때 아이들과 함께 책을 읽는데 어린아이의 경우, 반드시 자신의 무릎에 앉힌 채 등을 껴안고 읽어 줍니다. 그리고 아이들에게 질문을 하는데 이 질문이야말로 유대인 가정교육의 핵심이라 할 수 있습니다.

　예를 들어 홍해의 기적에 관한 이야기를 읽는 경우, 처음부터 끝까지 이야기를 들려주는 것이 아니라 계속 질문을 이어 나가는 방식입니다.

　"모세가 왜 홍해를 건너게 되었지?"
　"이집트 군대가 잡으러 쫓아와서요."
　"모세가 홍해를 건널 때 어떻게 되었지?"

"바닷물이 쩍 하고 갈라졌어요."

"왜 바닷물이 쩍 하고 갈라졌지?"

"하느님이 모세를 돕기 위해 도망갈 길을 만들어 주셨기 때문에 요."

"모세가 홍해를 건넌 다음에 어떻게 되었지?"

"다시 바닷물이 덮여 이집트 군사들이 몰살했어요."

"하느님은 왜 모세를 구해 주셨지?"

"모세가 어려움에 빠졌을 때 기도했으니까요."

"그럼 어려움에 빠졌을 때 어떻게 해야 하지?"

"하느님께 도와 달라는 기도를 해야 돼요."

유대인 아버지가 자녀들을 대화로 가르치는 교육이란 바로 이런 식인 것입니다. 그냥 처음부터 끝까지 다 가르쳐 준 다음에 "끝!" 해 버리는 교육이 아니라, 철저히 아이의 상상과 지혜를 이끌어 내는 대화로 모든 교육을 이끌어 가는 것이 바로 유대인 아버지들의 교육 방식인 것입니다.

이런 식의 대화 교육은 의외로 아이들로 하여금 지루함을 없이 하고 흥미를 이끌어 내며, 교육에 집중하게 하는 힘을 가지고 있습니다. 아이들은 일단 재미가 없으면 교육을 지속적으로 이어 가기 힘드니까요. 또한 아버지와 아이들의 관계를 끈끈하게 하는 효과도 있습니다. 이러한 끈끈한 관계는 또 지속적으로 대화 교육을 이끌어 가는 힘이 되기도 합니다. 덕분에 아이들은 자신도 모르게 아버지로부터 탄탄한 지식을 얻을 수 있게 되는 것입니다. 그리고 이러한 지식이 축

적되어 지혜로 발전하고, 이 지혜가 곧 창의력으로 열매를 맺게 되는 것입니다.

　유대인 가정에서 이 모든 일들을 어머니가 아니라 아버지가 담당하고 있다는 사실에 주목하십시오. 어머니가 아니라 아버지입니다. 어떤가요? 이 정도라면 이제 우리나라의 아버지들도 서서히 잠에서 깨어나야 하지 않을까요? 그저 자신은 자녀 교육과 상관없으니 집에 늦게 들어오거나, 일찍 들어오더라도 TV 시청이나 스마트폰 등에 모든 시간을 보내 버리는 아버지로 남고 싶습니까. 그러기에는 지금 우리 아이들의 교육은 너무나도 무방비 상태로 방치되어 있다는 사실을 기억하십시오. 하루 속히 우리의 아버지들이 변화하지 않는다면, 내 아이를 창의적 아이로 키운다는 것은 어쩌면 아주 먼 미래의 일이 되어 버릴지도 모르는 상황이 되고 말 것입니다.

내 아이를 성공시키고 싶다면
아버지부터 변화하라

과거는 그저 공부만 잘하고 무슨 일이든 열심히만 하면 성공할 수 있는 시대였습니다. 하지만 미래 시대의 성공 기준은 절대 과거처럼 될 수 없습니다. 지금 우리는 급변하는 시대를 살고 있습니다. 한때 자고 일어나면 우리나라의 경제가 성장했던 시절이 있었습니다. 그때는 열심히만 하면 돈을 벌 수 있었고, 성공이라는 타이틀도 딸 수 있었습니다. 그런 황금시대가 어느 때부터인가 정체되기 시작했습니다. 우리나라의 경우, 그 분기점이 바로 'IMF 관리'라할 수 있을 것입니다. 이제 우리나라는 경제 성장보다 경제 위기를 걱정해야 할 처지에 놓여 있습니다. 왜 이런 일이 생긴 것일까요?

그것은 시대는 변했는데 우리나라의 경우, 그 시대의 변화를 따라가지 못했기 때문이라 생각합니다. 이제 시대는 '열심'의 시대에서 나아가 단순한 열심에 더하여 '창의'의 시대로 변화하고 있는 것입니다. 정보와 기술이 넘쳐나면서 모든 것이 포화 상태에 이르렀습니다. 더 이상 새로운 이야기가 나타나지 않을 정도로 영화와 드라마를 통한 이야기들이 넘쳐나고 있으며, 더 이상 새로운 제품이 나타나기 힘들 정도로 온갖 편리한 제품들이 쏟아져 나왔습니다. 사람들은 점점 비슷비슷한 이야기에 식상해 하고 있으며, 비슷비슷한 제품에 무딘 상태가 되었습니다. 그래서 이제 사람들은 뭔가 '새로운 것'을 기대하기 시작한 것입니다.

그런데 우리나라의 경우, 이러한 시대적 요구에 부응하지 못하고 있는 상황입니다. 그것은 창의적 인재의 부재 때문입니다. 그도 그럴 것이 그동안 우리나라 교육은 오로지 주입식 위주였습니다. 따라서 창의적 인재가 부재한 것은 어쩌면 당연한 결과인지도 모릅니다. 이러한 시대에 세계를 주도하는 인물들을 살펴보십시오. 구글을 창업한 래리 페이지와 세르게이 브린, 페이스북을 창시한 마크 저커버그 등 지금 세계 경제를 주무르는 인물들은 모두 창의적 인재들입니다. 아마도 이 시대에 가장 창의적인 인물을 들라 하면, 스마트폰을 만들어 낸 스티브 잡스 또한 빼놓을 수 없을 것입니다. 지금 세계는 이런 창의적 인물들이 이끌어 나가고 있는 것입니다. 놀라운 것은 이 중 래리 페이지와 세르게이 브린, 저커버그 등이 모두 유대인이라는 사실입니다.

미래에 우리나라가 지구촌에서 살아남을 수 있으려면 바로 이런 창의적 인재들이 나와야 한다는 사실입니다. 그러기 위해 지금부터라도 우리나라에서 창의적 교육이 시작되어야 함은 두말할 나위 없겠지요. 이때부터 중요한 것은 벤치마킹입니다. 우리는 제대로 된 창의 교육을 해 본 적이 없기 때문입니다. 지금 전 세계에서 창의적 인재를 가장 많이 배출하는 유대인 사회에서 창의적 교육을 배울 수 있을 것입니다. 유대인 사회에서 아이들에게 이러한 창의 교육을 담당하는 사람이 바로 유대인 아버지들입니다. 왜 아버지의 교육이 중요한지는 이미 앞에서 언급한 바 있습니다. 어머니 혼자의 교육만으로는 한계가 있기 때문입니다.

우리나라의 창의 교육이 살아나기 위해서는 가장 먼저 우리나라 아버지들이 깨어나야 합니다. 지금까지 우리나라의 아버지들은 가정교육에서 거의 제외된 존재에 불과했습니다. 사실상 우리나라의 교육이 무너진 원인이 여기에 있는지도 모릅니다. 어느 순간부터 가정에서 아버지의 권위가 사라졌으며, 아버지들은 가정교육에서까지 사라져 버렸습니다. 그리고 우리나라의 교육은 인성 교육이 사라진 채 무한 경쟁의 극단적 주입식으로 흘렀으며, 아이들은 마치 로봇처럼 지식의 먹이를 받아먹는 존재로 전락해 버렸습니다.

이처럼 자아가 상실된 교육 환경에서 창의성이 나오기를 기대하기란 어렵습니다. 다시 아버지들이 나서서 가정교육의 주체가 되어 아이들의 중심을 잡아 주고 올바른 지식을 가르쳐야 합니다. 그래서 우리나라의 가정교육이 바로 설 때에 비로소 흐트러진 우리나라의 교육도 바로 설 것이며, 나아가 창의 교육도 완성되어 나갈 것입니다. 부디 내 아이를 창의적인 아이로 키우고 싶다면 아버지들은 이 말을 잊지 마십시오.

아이의 꿈을 존중하라

현재에 충실하지 않으면 결코 만족스러운 미래가 오지 않습니다. 미래의 조건은 바로 오늘 갖추어지는 것이기 때문입니다.

『탈무드』에도 '매일 오늘이 당신의 최후의 날이라고 생각하라. 그리고 또 매일 오늘이 당신 최초의 날이라고 생각하라'는 가르침이 있습니다. 이는 과거와 현재 그리고 미래에 대한 유대인들의 철학이 담겨 있는 대목입니다. 우리는 여기서 '모든 판단을 감정에 의존하지 말라. 그렇다고 이성에만 의존하지도 말라'는 교훈을 얻을 수 있습니다.

당신의 자녀들에게 미래를 강요하지 마십시오. 부모의 희망만으로 무엇이 되라고 요구하는 것은 아이의 개성을 무시하는 일일 뿐입니다. 아이들은 부모가 마음먹은 대로 만들어지는 요술 풍선이 아님니다. 다만 자녀가 어떤 것이 하기 싫다고 했을 때에 그만두라고 하기보다는 끝까지 최선을 다하라고 가르치십시오.

삶에는 정해진 공식이 없습니다. 제각각 성격이나 생각이 다르고 타고난 자질도 다릅니다. 그러므로 다른 사람에게 아주 엉뚱한 것으로 비치는 행동도 본인에게는 굉장히 중요하고 진지한 것일 수 있습니다. 또한 부모의 입장에서 도무지 쓸모없어 보이는 재주일지라도 나중에는 특별한 곳에 쓰일 수도 있습니다.

사회가 발전할수록 어떤 가치에 대한 의식도 변화하게 마련입니다. 그렇기 때문에 다양한 직업이 새로이 창출되기도 하는 것입니다. 자녀의 독특한 개성을 외면한 채 남과 똑같이 되라고 하는 것은 잠재적인 불만이나 삶에 대한 무기력증을 낳는 행위일 뿐입니다. 이는 결국 언제 폭발할지 모르는 시한폭탄을 아이의 가슴속에 묻어 두는 일이라 할 수 있습니다.

유대인 부모들은 되도록 자녀의 장래에 대해 간섭하지 않습니다. 이를테면 "너는 나중에 의사가 되어라."라거나 "너는 피아니스트가 되면 좋겠다." 하는 식으로 부모의 희망을 드러내는 법이 없습니다. 아이들의 개성을 존중해 주는 것이 곧 아이들을 위한 최대한의 배려라는 것을 잘 알고 있기 때문입니다. 바로 이러한 태도가 그들의 자녀를 세계적인 인재로 키워 낸 원동력이라고 할 수 있습니다.

물론 그들도 학문을 탐구하는 것, 공부를 열심히 하는 것을 우선적으로 장려한다는 점에서는 세계 여느 나라와 다를 게 없습니다. 하지만 그 목적은 자녀가 장차 의사나 피아니스트가 되기를 원하는 것과는 다릅니다. 학문은 오로지 그 자체가 목적일 뿐 어떤 일을 위한 수단이라고 여기지 않기 때문입니다.

자녀들의 미래는 그들의 것입니다. 마찬가지로 미래의 직업에 대한 선택권도 그들에게 있습니다. 바로 자신의 행복과 관련된 문제니까요. 그러므로 자녀가 특별한 관심을 나타내지 않는 한 공부 이외의 예능 분야를 강제로 시켜서는 안 됩니다. 그림도 피아노도 아이가 배우고 싶어하면 가르치고, 싫다고 하면 그것으로 그만입니다. 이때 무엇보다도 '이것은 무슨 일이 있어도 가르쳐야겠다'는 부모의 이기심을 버리는 것이 중요합니다. 하물며 아무런 이유나 소신도 없이 남이 하니까 내 자식도 꼭 해야 한다는 생각은 절대 하지 말아야지요. 아이가 싫어하는 일을 강요한다고 해서 좋은 결과를 얻을 수 있는 건 결코 아닙니다. 다만 아이가 진정으로 하고 싶은 일이 있다면, 후회 없이 노력을 기울일 수 있도록 옆에서 도와주고 충고해 주는 것이 부모의 역할입니다.

러시아계 유대인 작곡가로, 뮤지컬 「웨스트 사이드 스토리」의 주제 음악으로도 유명한 레너드 번스타인의 어린 시절 일화를 예로 들어 보겠습니다.

그의 아버지는 레너드가 피아노를 배우고 싶다고 했을 때에야 비로소 이웃에 살고 있는 여선생에게서 한 시간에 1달러씩 주고 레슨을 받도록 허락했습니다. 당시에 레너드는 자기 또래 아이들에 비해 유난히 몸이 약했다고 합니다. 그러나 피아노를 배우겠다는 의지만은 강해서 단 한 번도 레슨에 빠진 적이 없었습니다. 오히려 자신의 용돈을 절약하여 피아노 교습비까지 마련했다는 것입니다.

아인슈타인의 예도 있습니다. 그는 일곱 살 때부터 바이올린을 배우기 시작했는데, 도통 바이올린에 흥미를 느끼지 못해 1년쯤 뒤에 레슨을 그만두었다고 합니다. 그렇게 몇 년이 지난 어느 날 그는 갑자기 모차르트의 곡을 익히고 싶다는 생각이 들어서 다시 레슨을 시작했고, 그 후로는 평생 동안 바이올린을 가까이했다고 합니다.

자녀 교육은 아이가 무엇을 원하는지 정확하게 알아내는 것에서 시작됩니다. 다시 말하자면 부모가 원하는 것은 그다지 중요하지 않다는 뜻입니다. 또한 자녀를 어떤 대상으로 보는가가 중요합니다. 자신의 꿈을 자녀에게서 보상받으려는 생각은 옳지 않습니다. "내가 못했으니 너라도 해야 한다."라고 강요하기보다는 "네 의사를 최대한 존중하겠다."라고 말해야 합니다. 아이들은 부모가 자신의 뜻을 존중해 준다고 믿으면 한층 더 적극적으로 행동하게 마련입니다.

물론 부모의 희망을 자녀들이 받아들이는 경우도 있습니다. 하지만 개성을 존중하는 환경 속에서 성장한 아이들은 부모의 권유를 받아들일 경우에도 자발적인 선택에 의해서 받아들이게 마련입니다.

대표적인 예는 정신 분석학자로 유명한 지그문트 프로이트입니다. 그는 아버지의 희망에 따라 빈 대학 의학부에 입학했지만, 개업의가 되라는 권유에도 불구하고 무려 13년 동안이나 과학으로서의 의학 연구에 전념했다고 합니다. 그때 얻은 자연 과학적 방법은 그의 정신 분석 학설의 근간을 이루고 있으며, 심리학의 수준을 몇 단계 높이는 원동력이 되었던 것입니다.

부모들은 흔히 자녀들을 자신의 소유물로 생각하는 경우가 많습니다. 그래서 자녀들을 통해 자신들이 이루지 못한 꿈을 이루려고 합니다. 이것은 분명 잘못된 사고방식입니다. 아이들은 아이들 자신

의 꿈을 위해서 살아가야 하고, 그 꿈을 이룰 수 있도록 돕는 것이 부
모의 역할입니다. 결국 아이들 스스로 자신이 걸어갈 길을 발견하고
그것에 모든 노력을 기울이도록 하는 것이 최선의 길임을 기억하십
시오.

놀이 기구는 아버지가
만들어 주는 게 좋다

오리 둥지에서 부화한 백조는 날지 못합니다. 자신을 오리로 착각하고 있기 때문입니다. 즉, 오리에 적합한 환경에서 오리 부모로부터 훌륭한 오리로 살아가는 법을 배우며 자랐기 때문에 자기가 하늘을 날 수 있다는 사실조차 알지 못합니다. 당연히 날아 볼 엄두도 내지 못합니다. 주변에는 온통 날지 못하는 오리들뿐이니까요. 결국 자신이 백조라는 사실을 알 때까지 헤엄쳐 다닐 수밖에 없습니다.

자녀를 똑똑하고 품성 좋은 사람으로 키우려면 부모 역시 똑똑하고 품성 좋은 교육자가 되어야 합니다. 부모의 가르침이나 교육의 질에 따라 아이의 됨됨이가 대부분 결정되기 때문입니다. 그 결과에 따라 다음 세대를 이끌어 갈 주인공들의 자질이 좌우되는 것입니다.

제아무리 뛰어난 선생님도 부모의 역할을 하지는 못합니다. 공부는 잘 가르칠 수 있지만 그 아이의 소질이나 품성을 바꾸어 놓기는 어렵습니다. 열매는 학교에서 거두지만 나무의 뿌리가 내리는 토양은 부모들이 가꾸는 것입니다. 아이들은 부모가 만들어 놓은 환경 속에서 그들의 마음이나 감정, 행동 등을 받아들입니다. 자기 주위의 조건에 따라 모든 것을 경험하고, 그것을 자신의 잠재의식 속에 차곡차곡 기록해 두었다가 세상을 배우는 기준으로 삼는 것입니다.

대개의 부모들은 교육적입니다. 자녀에게 배워서는 안 될 것을 가르치는 부모는 거의 없습니다. 유대인 부모들도 마찬가지입니다. 어떤 면에서는 다른 나라의 부모들보다 교육에 대한 열정이 훨씬 많습니다. 그런 까닭에 교육 수준은 세계 어느 나라와 비교해도 뒤지지 않습니다.

유대인 부모들은 자녀에게 공부를 강요하거나 무조건 많이 가르치려고 하지 않습니다. 또한 아이의 지능 지수를 걱정하거나 영재 교육이니 뭐니 해서 남보다 월등한 아이로 키우려고 수선 피우는 일도 없습니다. 그러므로 그들이 생각하는 '교육적인 부모'의 의미도 공부가 아니라 다른 것에 있습니다.

유대인들에게 있어서 교육적인 부모란 '좋은 환경을 만들어 주는 부모'를 뜻합니다. 아이들의 정서에 유익하고, 무엇보다 자유로운 사고를 가질 수 있는 환경을 만들어 주는 일이 유대식 자녀 교육의 첫걸음인 것입니다.

좋은 환경에는 여러 가지가 있겠지만 아주 사소한 일부터 시작하는 것이 원칙입니다. 유대인 부모들은 자녀들의 놀이나 장난감 하나에도 교육적인 배려를 잊지 않습니다. 그렇다고 해서 교육 완구 또는 학교 공부와 관련된 놀이나 장난감만을 제공한다는 것은 아닙니다. 우리 주변의 무엇이라도 어떻게 받아들이고 이용하느냐에 따라서 훌륭한 교육용 재료가 되기 때문입니다.

가정에서 흔히 사용하는 물건들도 충분히 교육용 장난감으로 이용될 수 있습니다. 교육이란 어떻게 사고하느냐를 가르치는 것이니까요. 예를 들어 서로 크기가 다른 두 개의 컵이 있습니다. 아이가 큰 컵 속에 작은 컵을 넣을 수 있다면 그것은 이미 공학적 사고방식을 경험하는 일입니다. 그러므로 꼭 정교하거나 비싼 장난감일 필요는 없는 것입니다.

우리는 보통 유아기의 자녀들에게 사물에 대해 가르칩니다. 여러 가지 사물의 그림과 이름이 적혀 있는 커다란 종이를 집 안 곳곳에 붙여 놓고 수시로 알려 줍니다. 또 아이에게 집중력과 생각하는 습관을 갖게 하고 싶다면 이런 방법도 있습니다. 일종의 연상 퀴즈로서, 아이가 볼 수 없도록 상자 속에 어떤 물건을 넣어 둡니다. 그런 다음에 아이가 알아맞힐 수 있도록 그 물건의 생김새나 용도 등 단서를 하나씩 알려 줍니다. 중요한 것은 하나의 단서를 제공할 때마다 아이가 충분히 생각할 수 있도록 시간을 주어야 한다는 것입니다. 그러면 아이는 문제를 알아맞히려고 여러 가지 추리를 하게 됩니다. 만일 모든 단서가 제공될 때까지 알아맞히지 못하더라도 실망할 필요는 없습니다. 마지막으로 상자 속의 물건을 확인하는 순간 아이는 그 물건의 이름이나 쓰임새에 대해서 완벽하게 배웠으니까요.

부엌도 쓸 만한 교육 장소입니다. 유대인 가정에서는 요리 시간을 자녀들의 호기심을 자극하여 실험 정신을 길러 주는 기회로 활용합니다. 부엌은 깨끗하거나 더러운 것, 끓이거나 얼리는 것, 또는 액체나 고체 등 물질의 성질에 대해서 가르치기에 더할 나위 없이 좋은 곳입니다. 아이가 어느 정도 말을 배우고 나면 부엌에 있는 물건들의 이름과 쓰임새에 대해서 알려 줍니다. 또 부엌에서는 어떻게 행동해야 할지도 가르칩니다. 처음에는 부모가 직접 시범을 보인 후에 아이에게 따라 하도록 합니다. 물론 칼이나 유리그릇처럼 다치기 쉽거나 깨지기 쉬운 물건들은 그 위험성도 함께 알려 주어야 합니다.

이번에는 놀이터로 가 보겠습니다. 이곳에서 아이들은 신선한 공기를 마시고, 여러 가지 놀이를 통해서 건강한 신체도 기를 수 있습니다. 만일 근처에 놀이터가 없다면 집 마당에 몇 가지 간단한 놀이기구와 모래밭을 만들어 주는 것만으로도 충분합니다. 아이들은 자기들만의 상상 도시를 건설하고 산과 강을 만들면서 창의력을 기르게 될 것입니다. 또 여름이라면 커다란 튜브에 물을 가득 채워 주도록 합니다. 아이들은 물장구를 치고 이 그릇에서 저 그릇으로 물을 옮기는 재미에 시간 가는 줄 모릅니다. 그러면서 어떤 것이 물에 뜨고 어떤 것이 가라앉는지도 배우게 되는 것입니다.

자녀 교육은 물 흐르듯이 자연스러워야 합니다. 그래야만 아이들이 아무런 거부감 없이 받아들입니다. 또한 사소하고 흔한 것들의 쓸모를 가르쳐 줌으로써 물건의 소중함, 나아가서는 세상을 대하는 진지한 태도를 배울 것입니다. 좋은 환경이란 결국 주위에 있는 사람이나 사물들을 사랑하는 마음에서 만들어지는 것이기 때문입니다.

구체적이고 확실한 것을 가르치라

유대인들은 대부분 합리주의자들입니다. 그러므로 무슨 일이든 적당히 타협하고 넘어가는 법이 없습니다. 『탈무드』식 논쟁법이 대표적인 예라고 할 수 있는데, 어떤 가르침에 대한 해석이 서로 다를 경우에 절대로 그냥 넘어가지 않습니다. 마치 싸움이라도 하는 사람들처럼 격렬한 토론을 벌이는데, 이것은 서로의 이견이 좁혀지지 않는 한 몇 시간이고 계속됩니다. 그런 까닭에 유대인들은 하나같이 옹졸하고 따지기 좋아하는 사람들이라는 인상을 주기도 합니다. 하지만 유대인들은 그런 평판에 전혀 개의치 않습니다. 자신의 신념이나 이치에 맞지 않는 것은 논리적인 토론을 통하여 명확하게 밝히는 것이 중요하기 때문입니다.

유대인 부모들은 명백한 사실이 아닌 것은 자녀들에게 이야기하지 않습니다. 어떤 이유가 있더라도 거짓말은 거짓말일 뿐이라고 생각하는 것입니다. 예를 들어 유대인 아이들은 산타클로스의 존재를 알지 못합니다. 물론 산타클로스는 실존하는 인물이 아니라 아이들의 착한 꿈을 키워 주는, 교훈적이고 상징적인 존재입니다. 하지만 정말로 선물 보따리를 지고 굴뚝으로 찾아오는 것은 아니기 때문에 아이들에게 그릇된 믿음을 심어 주지 않는 것입니다. 유대인 부모들은 그런 이야기들이 일시적으로 아이들의 상상력을 자극할 수는 있지만, 긴 안목으로 보면 단지 '허망한 꿈'이나 '환상'에 불과하다고 생각합니다. 마찬가지로 자녀들에게 '천당과 지옥'에 관한 이야기로 겁주는 일도 없습니다. 역시 아이들로 하여금 불필요한 상상이나 두려움을 갖지 않도록 하려는 것이지요.

그들은 자신의 자녀들이 있는 그대로의 현실을 냉철하게 판단하고 치열하게 살아가기를 바랍니다. 그러므로 어디까지나 불확실한 사실은 아이들에게 들려줄 필요성을 느끼지 못하는 것입니다. 아마도 유대인 중에 뛰어난 과학자나 의학자, 금융업자가 많은 것도 이와 같은 현실적인 가정교육 덕분이 아닌가 합니다.

또한 유대인들은 '기적'을 믿지도 바라지도 않습니다. 그렇다고 그 자체를 무턱대고 부정하는 것은 아닙니다. 이를테면 "구약 성서에 나오는 많은 기적들은 어떻게 된 것이지?" 하는 물음에도 지극히 현실적인 해석을 준비합니다. 모든 기적에는 나름대로 과학적인 근거가 있으므로 입증할 수 있다고 믿습니다. 『구약 성서』의 수많은 기적들도 실제로 일어날 수 있는 현상이라는 것이 그들의 판단입니다. 모세의 기도가 홍해의 바닷물을 갈랐다는 기적을 예로 들어 보겠습니다. 모세는 유대인들을 인도하여 사막을 거쳐 홍해에 이르렀으나 배가 한 척도 없어 바다를 건널 수가 없었다고 합니다. 그들을 뒤쫓는 이집트인들은 지척에 있어 그야말로 절체절명의 위기를 맞았습니다. 그때 모세가 하느님께 기도를 올리자 홍해의 바닷물이 좌우로 갈라지는 기적이 일어나 그의 일행은 무사히 바다를 건넜습니다. 유대인들은 홍해의 물이 갈라졌던 기적을 하나의 자연현상으로 생각합니다. 왜냐하면 백 년에 한 번 정도 지중해로부터 강풍이 불어와 홍해의 바닷물이 빠지면서, 사람이 건너 다닐 수 있을 정도로 얕아지는 현상이 일어나기 때문입니다. 그러므로 유대인들은 당시 모세의 기적을 이러한 자연현상과 묘하게 맞아떨어진 것으로 생각하는 것입니다.

이렇듯 유대인들은 하느님을 믿는 사람들로서 성경의 기적을 논리적이고 과학적으로 바라볼 만큼 합리적인 사고방식을 갖고 있습니다. 러시아 혁명가 트로츠키는 일곱 살 때에 "사람은 죽어서 하늘 어딘가로 올라가는 것이 아니다."라는 얘기를 친구와 나눴는데, 이를 그대로 믿어서 죽을 때까지 잊지 않았다고 합니다. 또 프랑스의 음악가 다리우스 미요는 어려서 어떤 우화나 동화보다도 아버지가 들려준 '터키의 아름다운 풍경에 관한 이야기'를 듣고 많은 상상을 했다고 합니다. 즉, 아무런 근거도 없는 믿거나 말거나식의 이야기보다는, 부모의 현실적인 추억담을 들려주는 것이 자녀들에게 더욱 안정적인 상상력을 길러 준다는 것입니다. 유대인 부모들은 자녀에게 허무한 망상보다는 실천적이고 현실적인 사고를 하도록 요구합니다. 그러므로 유대인 아이들은 어릴 때부터 과학이나 상업 등 현실적인 직업에 대한 호감을 갖고 자라나게 됩니다. 더불어 그것에 치우치지 않고 자연환경이나 사물에 대한, 독특한 인식과 상상력을 길러 예술가로서의 자질도 키우는 것입니다.

　아이들은 꿈을 먹고 자랍니다. 어린 시절의 풍부한 감수성이나 상상력은 그 아이의 미래를 좌우하는 중요한 역할을 합니다. 그러므로 아름다운 동화나 옛날이야기를 들으면서 상상의 날개를 펴는 것도 중요하지만, 보다 현실적인 꿈과 의식도 꼭 필요하다는 것을 잊지 마십시오.

2장

서로 대화하는 것부터 시작하라

창의 교육의 시작은 아버지가 던지는 질문에서부터 | 질문을 대화로 이끄는 방법
'왜?'라는 질문의 파워! | '왜?'라는 질문에 스스로 답하게 하라
스스로 답하는 것이 중요한 이유 | 아이의 호기심을 부추기라

창의 교육의 시작은
아버지가 던지는 질문에서부터

평소 가정교육의 문외한이었던 아버지가 갑자기 아이들의 교육을 시작하기란 쉽지 않을 것입니다. 어색하기도 하고 도대체 무엇을 어찌해야 할지 몰라 당황스럽기도 할 것입니다. 여기에 한 가지 방법을 알려 주고자 합니다. 바로 아이에게 질문을 던지는 것입니다.

질문 하니까, 갑자기 무슨 질문을 해야 할지 가슴이 턱 막힐지도 모릅니다. 사실 우리나라 사람들에게 있어 질문은 거대한 산과도 같은 존재이기 때문입니다. 우리나라 사람들이 얼마나 질문에 인색한지를 알려 주는 에피소드를 여기에 소개하겠습니다. 2010년에 서울에서 G20 정상 회담이 열렸을 때의 이야기입니다.

당시 버락 오바마 미국 대통령은 폐막 기자 회견에서 갑자기 한국 기자들에게만 질문권을 주었습니다. 자신에게 궁금한 것이 있으면 질문해 보라는 것이었습니다. 그런데 순간 장내는 싸늘한 기운이 감돌 만큼 조용해졌습니다. 한국 기자 중 그 누구도 질문하지 않았기 때문입니다. 싸늘한 기운은 시간이 지나자 어색한 기운으로 바뀌었습니다. 이 분위기를 어떻게 해야 할까요? 오바마 대통령이 통역이 필요하면 통역까지 붙이겠다며 분위기를 반전시키려 했으나 한국 기자들은 여전히 질문하지 않았습니다. 다행히 누군가가 손을 들어 질문하려 했는데 안타깝게도 그는 한국 기자가 아니라 중국 기자였습니다. 오바마 대통령은 자신이 한국 기자들에게 우선권을 주었으므로 한국 기자에게서 질문을 받겠다며, 그 중국 기자의 질문을 만류해 주었습니다. 그런데도 여전히 한국 기자들은 질문을 하지 않았습니다. 다시 적막이 흐르고……. 결국 오바마 대통령 역시 어색한 분위기를 이기지 못한 채 중국 기자에게 질문권을 넘겨주고 말았다는 씁쓸한 이야기입니다.

어떤가요? 설마 이런 일이 대한민국 서울 땅에서 일어났다고 믿고 싶지 않겠지요. 더욱 아이러니한 것은 당시 기자 회견장에 있던 한국 기자들의 수가 수백 명에 달했다는 사실입니다. 도대체 왜 그 수많은 기자들 중 단 한 명도 오바마 대통령에게 질문하지 못했던 것일까요? 보통 사람이라면 몰라도 기자라면 우리 사회에서 최고 인텔리 계층이요, 당연히 질문에 익숙해 있을 직업인데도 말입니다.

사실 이 사건은 우리나라 사람들에게 있어 질문이 얼마나 거대한 산과 같은 존재인지 잘 알려 주는 대목입니다. 기자들조차 질문을 잘 하지 못하는 게 우리나라 사람들의 특징이라는 이야기입니다. 우리나라 사람들이 왜 질문을 못하는지는 학교 현장을 둘러보면 금방 답을 알 수 있습니다. 초등학교는 그나마 좀 나은 편이지만, 중고등학교 이상의 수업 현장을 둘러보면 질문이란 거의 하기 힘든 것이 되어 버리고 맙니다. 심지어 최고의 교육 현장이라 할 수 있는 대학의 수업에서조차 질문하는 학생을 찾아보기란 쉽지 않을 정도입니다. 왜 이런 문화가 생겨난 것일까요?

아마도 이것은 체면 문화에서 생겨난 것일지도 모릅니다. 내가 질문했을 때 사람들이 나를 어떻게 생각할까, 내가 질문하는 것이 혹시 나의 약점을 노출하는 것은 아닐까 하는 걱정이 먼저 앞서기 때문에 눈치를 보다가 결국 궁금한 것이 있어도 질문하지 못한 채 속으로만 삭이고 끝내 버리는 것입니다. 이처럼 질문을 잘 하지 못하는 근본적인 원인을 좀 더 깊이 파고들어 보면, 그 뿌리는 가정에 있음을 알 수 있습니다. 우리는 가정에서부터 이미 질문하는 것에 익숙지 않기 때문입니다. 이처럼 질문에 익숙하지 않은 가정 문화 속에서 자란 아이들에게 학교에서 아무리 질문을 가르쳐도, 그것은 억지 질문이 될 수밖에 없기 때문입니다.

그렇다면 이번에는 유대인 가정을 한번 둘러볼까요? 십여 명의 아이들이 북적대는 이곳에서 대화는 질문으로부터 시작됩니다. 그것도 아버지의 질문으로부터요. 자연스레 아이들은 그 질문에 답하고 다시 아버지의 질문이 이어집니다. 이번에는 아이들도 아버지, 어머니에게 질문합니다. 이에 아버지와 어머니는 친절히 답을 하며 다시 질문으로 유도합니다. 이렇게 되다 보니 가정에서는 부모와 아이들 사이에 끊임없는 대화가 이어집니다. 어떤 경우에는 대화가 논쟁으로 발전하기까지 할 정도입니다. 서로에게 자신의 논리를 펼치기 때문입니다.

이 장면에서 놀라운 것은 누구도 큰 소리를 내거나 화를 내지 않는다는 사실입니다. 십여 명의 아이들 중에는 이제 서너 살 된 아이들도 있고 미운 일곱 살도 있는데 말입니다. 이런 장면이 우리나라 가정에서 펼쳐진다면 어떻게 될까요? 아마도 얼마 시간이 지나지 않아 어머니의 쩡쩡거리는 화난 목소리가 터져 나올 것입니다. 아이들의 행동이 자신의 마음에 들지 않기 때문입니다. 아버지는 아이들이 귀찮아 자기 방으로 들어가 버릴지도 모릅니다. 그런데 유대인 가정에서 이런 장면을 찾아보기란 쉽지 않습니다. 그저 아이들은 각자 자기 할 일을 하고, 부모는 그런 아이들을 돌보면서 아이들이 질문하면 친절히 답해 주고 다시 질문하면서 자연스러운 대화만 오갈 뿐입니다.

어떻게 이런 일이 가능할까요? 이것이 유대인 가정교육의 핵심입니다. 아이들에게 절대 화내지 않고 질문과 대화로 모든 것을 가르치는 것입니다. 이런 아이들과의 대화는 잠자리로까지 이어집니다. 유대인 아버지들은 아이들이 잠들 때에 반드시 책을 읽어 주는데, 이처럼 책을 읽어 줄 때에도 아이들과의 대화는 끊임없이 이어집니다. 물론 그 대화의 뿌리는 질문에서부터 시작합니다. 아버지가 읽어 주는 책 내용에 궁금한 것이 있으면 아이가 질문합니다. 그러면 아버지는 답을 해 주는 체하다가 다시 질문으로 유도합니다. 그러면 아이가 아버지의 질문에 답하기 위해 이런저런 상상을 하고……. 이런 책을 통한 대화 속에서 아이는 자연스럽게 꿈나라로 빠져듭니다.

이처럼 유대인 아이들은 어려서부터 질문에 익숙해 있다 보니 질문은 곧 몸의 일부처럼 되어 버립니다. 그래서 학교를 가든 어디를 가든 질문을 곧잘 합니다. 누가 강제로 질문하는 법을 가르칠 필요가 없는 것입니다. 어떤가요? 우리의 가정과는 너무도 차이가 나지요? 결국 우리나라 사람들이 질문을 잘 하지 못하는 이유는 가정에서부터 비롯된다고 할 수 있을 것입니다.

　유대인 가정에서 보듯이 대화는 아버지가 아이들에게 던지는 질문에서부터 시작한다는 사실을 잊지 마십시오. 내 아이를 창의적인 아이로 키우고 싶다면 망설이지 말고 먼저 질문하는 것에서부터 시작하십시오. 무슨 질문을 할까 망설여진다면 먼저 아이에게 그날의 학교 생활부터 질문해 보십시오. 또는 아이가 관심을 가지는 분야에 나도 관심을 가지고 그 부분에 대한 질문을 해 보십시오. 그러다 보면 마침내 아이와의 대화가 시작될 수 있을 것입니다.

질문을 대화로 이끄는 방법

질문을 하라 하니 이런 질문을 하는 아버지들이 있습니다.
"밥 먹었니?"

"오늘 학교생활은 재미있었어?"

아마도 이런 질문을 했을 때에 돌아오는 대답이란 뻔할 것입니다. "네." 또는 "아니오!"

이런 단답형 질문은 가급적 피해야 합니다. 이것은 오히려 다음 대화를 단절시키는 데 지대한 역할을 하기 때문입니다. 아버지가 식탁에서 아이에게 질문을 한답시고 "오늘 학교에서 힘든 일은 없었어?" 하고 친절히 질문하는데 아이가 "네."라고 대답하면, 그다음 질문으로 뭘 물어야 할지 아버지는 다시 고민해야 합니다. 하지만 만약 "오늘 학교에서 어떤 질문을 했어?"라고 물어본다면 이야기가 달라질 것입니다. 아이는 자신이 학교에서 뭘 질문했는지 생각해야 하고 거기에 대한 답을 할 것이기 때문입니다.

만약 아이가 "과학 시간이었는데요, 드라이아이스에서 왜 하얀 연기가 나는지 물어봤어요."라고 답한다면 이것은 아이와 대화를 이끌어 갈 수 있는 최고의 호재입니다. 여기에서 질문을 대화로 이끌어 가는 방법을 살펴보기로 하지요. 혹시 이 대답을 들은 아버지가 마침 자기가 아는 내용이랍시고(과학 전공자일 경우) 자신의 과학 지식을 뽐내기 위해 드라이아이스에서 하얀 연기가 나는 원리를 자기 혼자 처음부터 끝까지 떠들어대면, 이 대화는 또다시 일시적 대화로 끝나 버리고 말 것입니다. 이것 역시 아이와의 대화에서 피해야 하는 금기 사항 중 하나입니다. 이제 질문에서 대화로 넘어가기 위해 꼬리에 꼬리를 무는 질문과 답이 이어지는 대화의 예를 들어 보겠습니다.

"그래, 너는 그 이유를 알았니?"

"아니요, 선생님한테서 설명을 들었는데도 잘 이해가 되지 않았어요."

"넌 드라이아이스에서 왜 하얀 연기가 난다고 생각하니?"

"잘 모르겠어요."

"너 이산화탄소 알지?"

"네."

"그 이산화탄소는 눈에 보이지 않는 공기 중에 날아다니는 기체 잖아."

"네, 그렇죠."

"근데 그 이산화탄소가 뭉쳐 딱딱한 고체로 변한 게 드라이아이스야."

"와! 신기하다. 그런데 어떻게 눈에 보이지 않는 기체가 딱딱한 하얀색 고체로 변할 수 있지?"

"너 수증기가 고체로 변한 게 뭔지 알지?"

"얼음이잖아요."

"맞아, 그 얼음처럼 이산화탄소가 고체로 변한 게 드라이아이스야."

"그런데 왜 얼음은 투명한데 드라이아이스는 하얀색이에요?"

"그건 다른 고체들도 마찬가지야. 금은 노랗지만 설탕은 흰색이잖아. 마찬가지로 얼음은 투명하지만 드라이아이스는 흰색인 거지. 그런데 왜 다른 고체들에서는 흰 연기가 나지 않는데 드라이아이스에서만 흰 연기가 날까?"

"혹시 너무 차서 그런 게 아닐까요?"

"그럴 수도 있지. 아주 차가운 얼음에서도 흰 연기가 날 때가 있으니까……."

아마 이런 식으로 대화가 이어진다면 쉽사리 끝나지 않을 것입니다. 간단히 답해 버리면 끝나 버릴 대화가 끊임없이 계속 이어지는 것입니다. 이런 대화에서 주의할 점은 절대 답을 먼저 말해 버리면 안 된다는 사실입니다. 답을 말해 버리는 순간 대화는 단절되고 말 것입니다. 따라서 반드시 답을 먼저 말해 주지 않아야 대화를 계속 이어갈 수 있습니다. 그러기 위해 꼬리에 꼬리를 무는 질문을 계속 던지는 것이 중요합니다. 처음에는 이 방식에 익숙하지 않아 금방 답을 말해 버리고 싶은 충동에 시달릴 것입니다. 하지만 어느 정도 노력하다 보면 꼬리에 꼬리를 무는 대화의 요령을 터득할 것입니다.

　이처럼 꼬리에 꼬리를 무는 질문을 던지는 것이 중요한 이유는, 이러한 대화를 통하여 아이 역시 질문에 익숙해질 수 있기 때문입니다. 어느 순간부터 아이도 아버지에게 질문하기 시작할 것입니다. 이때 아버지는 답을 하는 체하면서 다시 질문을 유도하는 것이 중요합니다. 그리고 아버지가 던지는 질문은 반드시 아이의 호기심을 자극할 만큼 흥미로운 것이어야 합니다. 이러한 질문을 던지기 위해 아버지 역시 평소에 노력해야 함은 두말할 나위가 없습니다. 유대인 가정에서 이러한 꼬리를 무는 질문과 대화가 가능한 것은, 이런 훈련이 어렸을 때부터 이미 몸에 익숙해져 있기 때문일 것입니다. 하지만 우리는 그렇지 못하니 지금부터라도 아버지가 먼저 연습해야 합니다. 그리고 아이에게 도전해 보십시오. 물론 처음에는 잘 되지 않을 것입니다. 하지만 절대 포기해서는 안 됩니다. 이것이야말로 내 아이를 창의적인 아이로 키우는, 성공적인 아이로 키우는 최고의 방법이기 때문입니다.

'왜?'라는 질문의 파워!

질문할 때의 요령 중 하나로 반드시 질문에 '왜?'라는 항목을 넣는 것입니다. '왜?'라고 질문하는 것이 뭐 그리 중요할까 하고 생각하는 아버지들도 있을 것입니다. 하지만 이것은 생각 이상으로 엄청난 의미가 있습니다. '왜?'라는 질문에는 근본 원인을 물어본다는 의미가 있기 때문입니다. 예를 들어 아이가 "엄청 재밌어요."라는 말을 했을 때에 아버지가 "왜 재밌다고 생각하니?"라는 질문을 던졌다면, 이제 아이는 평소 생각지도 못한 이유를 생각하게 됩니다. 지금까지는 그냥 재미있었는데 이제 왜 재미있었는지를 생각해야 하는 것입니다.

사실 우리 주변에서 일어나는 일은 다 이유가 있어서 일어납니다. 이유 없이 일어나는 일은 단 한 가지도 없는 게 우리의 삶입니다.

그런데도 사람들은 생각하기가 귀찮아서 그 이유를 무시하고 넘어가 버립니다. 문제는 이에 익숙하다 보니 편리해졌을지 몰라도 모르는 게 너무 많아졌다는 사실에 있습니다. 만약 '왜?'라는 질문을 계속 던지고 그 질문에 답하는 연습을 했다면 사람들은 지금 일어나는 문제에 대해 훨씬 많은 답을 찾았을 것이고, 삶은 더욱 풍요롭고 행복하게 되었을 것입니다. 그런데도 사람들은 단지 귀찮다는 이유만으로 '왜?'라는 질문을 하기 꺼려합니다.

하지만 아이 때부터 '왜?'라는 질문에 익숙해진다면 이야기가 달라질 것입니다. 아이들은 상상력이 뛰어나기 때문에 온갖 상상의 날개를 펼쳐 '왜?'라는 질문에 답하는 연습을 하기 시작할 것입니다. 물론 이 질문에 대한 아이들의 생각은 각각 다를 것이고 이것은 자연스레 논쟁으로 이어질 수 있습니다. 이러한 논쟁식 대화법은 오랫동안 몸에 밴 유대인들의 생활 습관이기도 합니다. 유대인들은 아버지와 아들이, 아들과 아들이, 또 아버지와 아버지들이 앉았다 하면 '왜?'라는 질문을 서로에게 퍼부으며 논쟁을 하는 문화가 있습니다. 이러한 논쟁식 대화법의 중심에 '왜?'라는 질문이 있는 것입니다.

유대인들의 이러한 논쟁식 대화법은 매우 중요한 의미를 지닙니다. 유대인들의 모든 지혜와 창의력이 바로 이 논쟁식 대화법에서 나오기 때문입니다. 유대인들이 뛰어난 것은 그들이 태어날 때부터 머리가 좋기 때문이 절대 아닙니다. 실제 국가별 세계 아이큐 순위를 봐도 유대인들이 모여 사는 이스라엘은 중상위권 정도의 수준에 불과합니다. 차라리 우리나라의 경우에는 거의 세계 1~2위를 다툴 정도로 아이큐가 높은 편에 속합니다. 그런데도 유대인들이 각 분야에서 두각을 나타내는 이유는 바로 이 논쟁식 대화법에 있다고 하지 않을 수 없습니다. 이 논쟁식 대화법이 두뇌 개발에 중요한 영향을 미치기 때문입니다.

논쟁식 대화를 많이 하다 보면 자연스레 수많은 지식이 쌓이게 됩니다. 그리고 이러한 지식은 두뇌 개발로 이어져 이것이 곧 지혜의 모습으로 변형되어 드러나게 됩니다. 이것이 곧 유대인들이 말하는 그들만의 지혜 교육이 되는 것입니다. 그리고 이 지혜 교육이야말로 유대인들이 창의력을 발휘하는 데 최고의 역할을 하게 됩니다.

다음에 유대인들의 지혜가 얼마나 뛰어난지 보여 주는 예화 하나를 들어 보겠습니다. 바로 나치의 유대인 대학살을 다룬 영화 「쉰들러 리스트」에 나오는 이야기입니다. 2차 대전 당시 나치 수용소에서 어느 날 닭이 한 마리 없어졌습니다. 독일군 병사는 유대인들을 모아 놓고 열을 셀 때까지 범인이 나오지 않으면 한 명씩 쏴 죽이겠다고 엄포를 놓았습니다. 드디어 독일군 병사는 하나, 둘 수를 세기 시작했고 거기에 모인 유대인들은 숨을 죽이며 범인이 스스로 나오기만을 기다렸습니다. 하지만 독일군 병사가 열을 다 세었을 때까지 범인은 나오지 않았습니다. 그러자 독일군 병사는 한 명의 유대인을 선택하여 총으로 무참히 쏴 죽여 버립니다. 바로 그때 열 살짜리 유대인 소년이 손을 번쩍 들었습니다. 사람들은 깜짝 놀랐지요. 설마 그 유대인 아이가 닭을 훔쳤으리라고는 생각지도 못했기 때문입니다. 그리고 동시에 저 아이가 총살당할 생각을 하며 몸을 부르르 떨었습니다, 바로 그 위기의 순간, 열 살짜리 유대인 아이의 입에서는 의외의 말이 나왔습니다.

"제가 닭을 훔치는 사람을 봤는데 지금 쏴 죽인 바로 저 사람이었어요."

유대인 아이의 말에 독일군 병사는 물론 그 자리에 모인 유대인들은 모두 아무 말도 하지 못했습니다. 그리고 그날의 소란은 그것으로 끝났습니다. 겨우 열 살짜리 유대인 소년의 기지로 모두가 위기에서 벗어나는 순간이 아닐 수 없었습니다.

어떤가요? 이것이 바로 유대인의 지혜입니다. 불과 열 살짜리 유대인 소년은 그 위기의 순간에 어떻게 그런 기지를 발휘할 수 있었을까요? 이것이 바로 유대인 지혜 교육의 산물이라 할 수 있습니다. 유대인들은 세 살 때부터 아버지의 무릎에 앉아서 '왜?'라는 질문으로 이어지는 논쟁식 대화 교육을 받습니다. 그리고 이것이 결국 유대인들로 하여금 그 어느 민족보다 지혜로운 사람으로 자라게 하고, 약육강식의 세계 경쟁 국가들 속에서 최고의 창의력을 발휘하게 하는 힘이 되게끔 하는 것입니다. 우리나라의 아버지들은 이러한 유대인 지혜 교육의 첫 출발점이 바로 '왜?'라는 질문에서 시작됨을 잊지 마십시오.

'왜?'라는 질문에 스스로 답하게 하라

혹시 자녀가 어려운 문제를 질문해 왔을 때에 이런 대답을 해 준 적이 있습니까?

"그 해답은 네가 더 잘 알고 있어. 한번 침착하게 생각해 보렴."

자기 자신에게 던지는 질문이 뜻밖의 문제를 해결해 주는 경우가 종종 있습니다. 그러자면 우선 마음을 차분하게 가라앉히는 것이 중요합니다. 그런 다음 흥분을 걷어 내고 문제의 핵심을 들여다보면 비로소 무엇이 잘못되었는지 훤히 보입니다. 애초에 해결할 방법이 없는 문제란 없습니다. 어떤 식으로든 일은 풀리게 마련이니까요. 다만 '발등에 떨어진 불'을 대하듯 허둥거리다 보니 문제의 해결법을 볼 수가 없는 것입니다. 한 발자국만 물러서서 곰곰이 생각해 보면 금방 알 수 있는데도 말입니다. 흔히 질문을 한 그릇의 밥에 비교합니다.

사람이 꾸준히 음식을 섭취해야만 살 수 있듯이 배움도 하나의 질문에서 시작되기 때문입니다.

다음은 질문의 중요성에 대한『탈무드』의 가르침입니다.

오랜 여행으로 지친 두 남자가 있었다. 그들은 너무나 허기가 져서 간신히 길을 걷다가 외딴집을 발견했다. 주인의 손길을 느낄 수 없는 오래되고 허름한 집이었다. 내심 따뜻한 음식을 기대했던 그들은 좀 실망스럽긴 했지만 지친 몸이라도 쉬어 갈 겸 집 안으로 들어갔다. 그런데 그들 앞에 뜻밖의 광경이 펼쳐졌다. 온갖 과일이 가득 든 바구니가 천장에 매달려 있는 것이 아닌가! 그들은 누가 먼저랄 것도 없이 바구니를 향해서 손을 내밀었다. 하지만 야속하게도 천장은 너무 높았다. 아무리 애를 써 보아도 도저히 과일 바구니를 내릴 수가 없었던 것이다. 얼마나 지났을까. 한 사람은 너무나 화가 난 나머지 그 집을 나가 버렸다. 그러나 나머지 한 사람은 곰곰이 생각하기 시작했다. 그 역시 허탈감에 빠진 상태였으나 문제를 해결하기 위해 침착하게 그 방법을 찾기로 했던 것이다. 그는 먼저 높은 천장에 매달린 과일 바구니에 의문을 가졌다.

'분명 누군가가 매달았을 것이다. 그렇다면……'

결국 그는 온 집 안을 뒤져서 천장까지 닿는 긴 사다리를 찾아냈다. 그리고 천장에 매달린 과일 바구니를 내려 맛있게 먹은 뒤에 다시 여행 길에 올랐다.

유대인들은 항상 후자의 방법을 모범으로 여기고 실천했습니다. 아무리 가능성이 적어 보이는 일일지라도 한 번의 시도로 그치는 법이 없습니다. 자신의 능력에 부친다 하여 포기해 버리는 어리석은 태도는 취하지 않습니다. 즉, 아무리 어려운 문제라도 끝까지 해결의 실마리를 찾으려고 노력합니다. 높은 사다리를 한걸음에 오를 수는 없습니다. 그러므로 하나씩 질문을 하여 차근차근 사다리 꼭대기에 오르는 방법을 배우는 것입니다. 이것이 종내는 맛있는 과일을 맛볼 수 있는, 다시 말해서 지식인의 경지에 도달하는 유일한 길임을 알고 있기 때문입니다. 이처럼 유대인들의 우수성은 다른 것에 있지 않습니다. 그것은 2,500여 년 전부터 계속되어 온 교육 방법으로, 선생님에게 도전하며 끊임없이 질문하는 적극적인 학습 태도에 있는 것입니다.

원래 아이들은 질문이 많습니다. 조금만 생각하면 금방 알 수 있는 것도 참을성이 모자라기 때문에 먼저 묻기부터 합니다. 그러므로 자녀의 질문에 일일이 대답해 주는 것은 좋지 않습니다. 부모에게 물어보면 무엇이든지 알 수 있다는 안도감은 아이의 연구심과 창의력을 빼앗는 것이니까요.

만일 당신의 자녀가 질문을 하면 다시 아이에게 질문하십시오. 이를테면 "너는 어떻게 생각하니?"라고 물어 아이 스스로 대답을 생각해 내도록 유도하는 것입니다. 아이가 나름대로 궁리하고 조사도 해서 해답을 알아낸다면 더없이 좋습니다. 다만 아이의 힘으로 도저히 해결할 수 없는 경우에만 방법을 알려 주는 것입니다.

만약 아이가 감당하기 어려운 문제라면 어느 정도는 먼저 도움을 주어야 합니다. 그렇지 않으면 아이들은 중도에 포기해 버립니다.

또 아이 스스로 거의 해결했지만 마지막 벽에 부딪힌 경우에도 마찬가지입니다. 이런 종류의 조바심은 눈앞의 해답도 보지 못하게 하기 때문입니다. 이럴 때에도 어느 정도의 암시만 주어 자기 스스로 해결했다는 성취감을 맛보게 하는 것이 좋습니다.

만일 부모 자신이 그 답을 알지 못하는 질문이 나올 경우에도 적당히 넘어가서는 안 됩니다. 더욱이 "그 녀석 별걸 다 묻네." 하고 면박을 주어서는 안 됩니다. 모르는 것은 모른다고 아이에게 솔직히 말하고 함께 알아보면 되는 것입니다. 자녀의 질문에 대답하지 못한다고 해서 부모로서 체면이 깎이는 것도 아닙니다. 오히려 부모와 함께 노력하여 모르는 것을 알아냈을 때에 아이들은 더욱 기뻐하게 됩니다.

간혹 어떤 부모는 자녀가 묻는 것 이외의 문제까지 상세하게 대답하는 것으로 자신의 유식함을 과시하는 경우도 있습니다. 앞에서 말했다시피 이것은 아이로 하여금 아무런 생각도 하지 못하게 하는 행동임을 알아야 합니다. 또한 부모는 자녀들의 질문만 기다리고 있을 것이 아니라 먼저 질문해야 합니다. 그럼으로써 아이들의 관심사를 파악하여 제대로 대처할 수 있는 시간을 벌게 되는 것입니다. 그러면 여기서 어떤 아버지와 아들의 경우를 예로 들어 보겠습니다.

이 아버지는 초등학교 3학년인 아들이 친구들과 대화하면서 '연애'라는 말을 쓰는 것을 우연히 듣게 되었습니다. 그러나 아무리 귀담아들어 보아도 아이들이 그 말의 뜻을 제대로 알면서 사용하는 것 같지 않았습니다. 그래서 어느 날 아이에게 연애가 뭔지 아느냐고 물어보았습니다. 짐작한 대로 아이는 제대로 대답하지 못했습니다. 그래서 그는 "연애란 남자와 여자가 서로 좋아하여 사귀는 것이란다." 하고 일러 주었습니다. 또 "너도 어른이 되면 누군가와 연애를 하게 될 거야. 그러면 다른 사람에게는 말하지 않더라도 아빠에게는 꼭 말해 주렴. 남자끼리니까."라고 했습니다. 그러자 아이도 "남자끼리니까!" 하면서 환하게 웃더랍니다.

이처럼 아이들은 그 말의 뜻을 알지 못하면서도 쓰는 경우가 많습니다. 이때 부모는 아이에게 그 말의 뜻을 정확하게 가르쳐 주어야 합니다. 그러면 아이는 궁금증을 풀 뿐만 아니라 부모에 대한 신뢰와 애정을 느끼게 되는 것입니다.

부모는 자녀가 얼마만큼 알고 있는가에 주목하기보다는 얼마나 자주 질문을 하는가에 따라 아이를 평가해야 합니다. 질문을 유도하는 대신 무턱대고 외우기만을 강요하는 것은 바람직하지 않습니다. 왜냐하면 아무런 의심이나 이해 없이 받아들인 지식은 마치 빌려 입은 양복과 같기 때문입니다.

스스로 답하는 것이 중요한 이유

다시 한 번 강조하지만 아버지가 던지는 질문에 대한 답은 절대 아버지가 주어서는 안 됩니다. 반드시 아이 스스로 답을 구할 수 있게 해 주어야 합니다. 이것이 중요한 이유는 이렇게 해야만 아이의 창의적 두뇌가 비로소 개발될 수 있기 때문입니다.

보통 우리나라 아이들의 머리가 세계 최고 수준이라는 이야기를 많이 합니다. 실제로 세계의 평균 지능 지수에서도 우리나라는 1~2위를 다툴 정도로 아이큐가 뛰어난 것이 사실입니다. 이런 한국 아이가 미국으로 유학 가는 경우가 많은데, 문제는 이상한 현상이 생기곤 한다는 사실입니다. 도대체 무슨 일이 생기느냐고요?

어머니를 따라 미국에 간 한 중학생의 이야기입니다. 그 학생은 처음 미국 플로리다의 한 중학교에 입학하였습니다. 처음 수학 시간에 학생은 식은 죽 먹기 식으로 수학 문제를 척척 풀어냈습니다. 이에 선생님은 물론 친구들도 천재라며 놀라곤 했습니다. 사실 그 학생은 한국에 있을 때에 이미 그 내용을 다 배웠습니다. 한국의 수학 교육이 중학교 때에는 미국보다 조금 앞서 있기에 생긴 현상이었습니다. 그 학생은 자연스럽게 고등학생이 되었고, 고등학생 때에도 수학 실력은 늘 상위권을 유지했습니다. 문제는 대학을 들어갔을 때부터 시작되었습니다. 도대체 학교 수업을 따라가기가 어려워졌습니다. 계속 토론식으로 이루어지는 수업에 실력의 한계를 느끼게 되었고, 급기야 낙제를 걱정해야 하는 지경에까지 이르렀습니다.

사실 이 이야기는 비단 이 학생에만 해당되는 이야기가 아닙니다. 한국에서 공부하다가 미국에 간 학생들 대부분이 겪는 문제라 할 수 있습니다. 왜 이런 현상이 나타나는 것일까요? 이것은 우리나라 교육 과정의 문제이기도 하겠지만, 또 교육 환경의 문제라 할 수도 있습니다. 즉, 우리나라에서는 어떻게든 시험만 잘 보면 되는 교육 환경이다 보니 빨리 답을 구하는 문화가 팽배해 있습니다. 학생들은 이 답을 구하기 위해 주야장천 문제집을 풀고 아예 답을 외우기 급급합니다. 성적을 더 올리기 위해 대부분 학원에 가는데 학원에서도 답을 가르쳐 주는 공부를 시키게 마련입니다. 학원도 당장 실적을 올려야 하니 내일 시험에 나올 답을 오늘 가르쳐 주기에 급급한 것입니다. 이런 과정에서 아이들의 생각이나 상상력은 필요 없는 존재가 되어 버리고 맙니다. 그저 답만 쫓아 그것만 달달 외우면 되니까요.

지금 우리나라에서 배출되는 인재들이란 바로 이런 교육 환경 속에서 경쟁에 살아남은 사람들입니다. 그러다 보니 그들에게서 창의력이나 사고력을 기대하기란 모래사장에서 금 찾기만큼이나 쉽지 않습니다. 이런 이유 때문에 미국에 유학 간 한국 학생들이 고학년이 되어 갈수록 애를 먹는 것입니다.

우리는 이런 교육의 문제점에 대한 해답을 유대인들의 교육에서 찾을 수 있습니다. 바로 유대인들의 질문식 교육법입니다. 유대인들의 질문식 교육법에서 유대인들은 절대 답을 가르쳐 주지 않습니다. 반드시 아이 스스로 답을 구하게끔 기다려 줍니다. 어떨 때에는 정말 답답해서 그냥 답을 가르쳐 주고 싶은 경우에도 유대인 아버지들은 마지막까지 인내합니다. 물론 예외도 있는데, 그것은 아이가 한 질문에 대한 답을 무려 일주일 동안이나 끙끙대며 구했는데도 구하지 못했을 때 정도입니다. 그때는 유대인 아버지들도 아이에게 결국 답을 가르쳐 줍니다. 하지만 이 경우에 답을 가르쳐 주는 것은 그냥 답을 가르쳐 주는 것과 근본적인 차이가 있습니다. 그냥 답을 가르쳐 주었을 경우에 아이는 그렇게 머리를 쓰지 않아도 되었지만, 일주일 동안이나 끙끙대게 만들었다면 그동안 아이는 얼마나 많은 생각과 상상력을 동원했을까요. 그 일주일 동안 아이의 머리는 충분히 생각하고 상상력을 발휘했으니 그것으로 이미 얻고자 하는 목적을 달성한 것이나 다름없습니다. 그래서 유대인 아버지들은 일주일이 지나면 답을 가르쳐 주기도 하는 것입니다.

이제 아이 스스로 답을 구하는 것이 얼마나 중요한 일인지 알게 되었나요? 아이들은 스스로 답을 구하는 과정에서 온갖 상상과 추리를 하게 되며, 이 과정에서 창의력을 담당하는 두뇌의 영역이 극대치로 개발되는 것입니다.

중요한 것은, 이처럼 스스로 답을 구하는 과정이 어렵거나 지루하거나 재미없어 더 이상 하고 싶지 않은 일이 되지 않아야 한다는 사실입니다. 이를 위해 아버지들의 지혜가 더욱 필요합니다. 좋은 방법 중 하나로 아이가 스스로 답을 구할 때마다 적절한 보상을 해 주는 것이 있습니다. 예를 들어 보상 통장을 만들어 스스로 답을 맞힐 때마다 천 원씩 주기로 하여, 이 금액의 합이 만 원이 되었을 때에 현금을 주는 방법을 들 수 있습니다. 아이가 더 어리다면 사탕이나 과자를 보상으로 줄 수도 있겠지요. 만약 아이가 게임을 좋아한다면 게임 시간을 보상으로 줄 수도 있겠고요. 실제로 많은 유대인 가정에서도 이런 방법을 쓰고 있습니다. 자기의 행동에 대한 보상을 주는 것은 분명 아이로 하여금 성취감을 느끼게 하는 좋은 수단이 될 수 있습니다. 물론 이때 아이의 노력에 비해 지나치지 않은 적절한 보상이어야 함은 두말할 나위가 없습니다. 보상이 지나치거나 모자라서는 안 된다는 이야기입니다.

아이의 호기심을 부추기라

아이들은 툭하면 '왜?'라고 질문합니다. 그것이 무엇인지, 어디에 쓰는 것인지, 어떻게 하는 것인지를 배우고 나면 이번에는 '왜 그렇지?'가 궁금해지는 것입니다. 이것을 우리는 호기심이라고 부릅니다. 호기심이란 자녀 교육에 있어서 가장 중요한 문제입니다. 호기심은 상상력의 발로며 창의력의 어머니라고 합니다. 유아기의 아이들은 늘 호기심을 가짐으로써 사물이나 관념을 인식하게 됩니다. 즉, 호기심은 아이에게 새로운 것을 배우게 하는 계기를 제공해 주는 것입니다.

유독 질문이 많은 아이가 있습니다. 그런 경우에 아무리 바쁘고 귀찮더라도 피해 버리거나 면박을 주어서는 안 됩니다. 아이의 질문에 끈기 있게 대답해 주어야 합니다. 또 대답은 가능하면 간단명료

한 것이 좋으며, 동시에 또 다른 질문이나 관심을 유도하는 것이 현명한 태도입니다. 간혹 아이의 질문에 몇 마디 대답해 주다가 질문이 끊이지 않고 계속되면 "조그만 게 알고 싶은 것도 많다."라며 머리를 쥐어박는 부모가 있습니다. 이런 경험은 아이에게 아주 좋지 않습니다. 아이의 호기심, 즉 이제 막 펼치기 시작한 상상의 날개를 접게 하는 것은 그 아이의 지적·정신적 성장을 방해하는 것이기 때문입니다.

가령 가까운 친척 할아버지가 돌아가셨다고 합시다. 아직 죽음이 뭔지 모르는 아이는 그게 무엇이냐며 질문을 시작합니다. 아이들이 흥미를 가지면서도 쉽사리 이해하지 못하는 것이 바로 죽음에 대한 것이니까요.

"왜 죽었어요?"

"응, 할아버지는 나이가 무척 많으셨어. 그러면 죽는 거야."

아이가 정말 이상하다는 표정으로 또 묻습니다.

"나이가 많으면 죽어요? 그럼 아빠도 죽는 거예요?"

"아니, 아빠는 아직 할아버지만큼 나이를 먹지 않았거든."

아빠는 아직 죽지 않는다는 말에 안심한 아이가 또 묻습니다.

"죽으면 어디로 가요?"

우리는 이 질문에 대해 수많은 대답을 알고 있습니다. 죽으면 하늘나라에 간다느니 아름다운 새가 된다느니 하는 식으로 말입니다. 그러나 유대인들은 이렇게 대답합니다.

"죽으면 그것으로 끝이란다."

그들이 내세를 믿지 않기 때문이지만, 더 큰 이유는 죽음에 대한 여러 가지 이야기로 아이를 혼란스럽게 하지 않으려는 배려에서입니

64

다. 또한 아이들의 상상력은 아이들 스스로 자유롭게 펼치면 되는 것이지 공연히 어른이 끼어들 필요는 없다고 생각하는 것입니다.

예를 하나 들어 보겠습니다.

"아빠, 하느님이 뭐야?"

"하느님은 우리 주변 어디에나 계신단다. 꽃에도 계시고 공기 속에도 계시고……."

이 말을 들은 아이는 열심히 숨을 들이마시고는 "아빠, 나 하느님을 마셨어. 이제 하느님은 내 뱃속에도 있다."라면서 즐거워합니다.

유대인 부모들은 자녀에게 무리하게 가르치려고 하지 않습니다. 아이의 상상력을 방해하여 부모 멋대로 이끌 수도 있다는 염려 때문입니다. 그런 까닭에 '아이에게 거짓말을 하지 않으며 공포심을 주지 않는다'는 것을 철칙으로 삼고 있습니다. 하느님에 대한 아이의 질문에 산꼭대기를 가리키면서 "하느님은 저곳에 계신다." 하는 식으로 대답하지 않습니다. 또 "나쁜 짓을 저지르면 하느님이 오셔서 혼내 준다."라는 등 아이에게 공포감을 주는 이야기도 하지 않습니다.

호기심은 상상력을 동반합니다. 그래서 아이들은 부모가 들려주는 옛날이야기나 동화에 금방 빠져듭니다. 이야기를 들으면서 동화 속의 주인공과 같은 감정을 갖기도 하고 자기를 그 주인공으로 생각하기도 합니다. 그러므로 부모는 항상 아이의 질문에 적극적인 관심을 보여야 하며, 또 아이가 만족할 만한 대답도 해 주어야 합니다. 그리고 아이가 공부하는 것이나 꿈꾸는 것에는 어떠한 방해물이나 규제도 없다는 점을 느끼도록 해야 합니다. 이처럼 호기심과 상상력은 밀접한 관계에 있으며, 창의력은 그 상상력을 실천하는 힘인 것입니다.

오늘부터라도 아이의 질문을 두려워하지 마십시오. 또 아이의 질문에 현명한 대답을 했다는 것으로 만족하지 말고 다시 아이에게 질문을 하십시오. 부모가 적절한 질문을 하는 것은 아이가 더 나은 질문을 할 수 있도록 유도하는 것입니다.

이렇듯 자녀와의 대화를 통해서 부모의 좋은 모습을 보여 주십시오. 아이들은 자기 부모의 행동을 배우고 그와 비슷한 감정을 갖기를 원합니다. 또한 부모가 자신이 아는 것을 얘기해 줄 때에 그것을 이해하려고 노력합니다. 이러한 과정을 통해서 부모와 자식은 서로 닮아 갑니다. 그 후에 아이는 점차 자라면서 자기만의 독특한 방법과 개성을 찾게 되는 것입니다.

3장

밥상머리 토론식
창의 대화법

식탁을 대화의 장소로 활용하라 | 두 시간짜리 밥상머리 대화
공격하고 답변하고, 탈무드 디베이트를 하라 | 대화는 최선의 가정교육이다
아이와 함께 있는 시간이 가장 소중하다 | 하브루타 공부법으로 가르치라

식탁을 대화의 장소로 활용하라

서울에 살고 있는 유대인 부부가 한국인 가정에 저녁 식사 초대를 받고 방문했다가 체험한 일입니다. 그들 부부는 한국인 가족과 식탁에 둘러앉아 막 식사를 하려던 참이었습니다. 그때 초등학교 5학년인 그 집 아이가 벌떡 일어나더니 거실 한쪽에 있는 텔레비전을 켜는 것이었습니다. 그리고 이리저리 채널을 돌리더니 어떤 방송에 채널을 고정시키더랍니다. 그래서 마침 그쪽에 앉아 있던 유대인 부부는 자연히 텔레비전으로 시선이 갈 수밖에 없었습니다. 그때 옆자리에 있던 한국인 아버지가 유대인 부부에게 "저 드라마 보십니까? 요즘 가장 인기 있는 드라마인데요, 우리 집에선 어른보다 애들이 더 좋아합니다."라고 말했습니다. 그 유대인 부부가 잠깐 동안 본 바로는 선생님과 결혼한 제자의 사랑 이야기를 다루는 드라마였다고 합니다. 결국 그들 부부는 적당한 시간에 식사를 마쳤지만, 텔레비전에 정신이 팔린 그 집 가족들 때문에 드라마가 끝날 때까지 자리에 앉아 있을 수밖에 없었다고 합니다.

그 유대인 부부는 정말 이상하다고 말합니다. 자신들의 경우에는 식사 시간에 텔레비전을 보는 일이 전혀 없고, 더구나 아이들에게 성인 드라마를 보여 준다는 것은 도저히 생각할 수도 없기 때문입니다. 유대인에게 있어서 식탁은 가족의 화합을 이루는 곳이자 자녀들의 교육이 이루어지는 장소입니다. 그만큼 식사하는 공간을 무엇보다도 신성한 장소로 여기는 까닭에 더욱 놀라운 경험이었을 겁니다.

그들이 식사 시간에 텔레비전을 켜지 않는 이유는 가족 구성원의 취향이 다 다르기 때문입니다. 여러 가지 텔레비전 프로 중 하나에 온 가족이 만족할 수는 없으며, 또한 어른들이 보는 프로는 아이들이 볼 수 없습니다. 그러나 무엇보다도 식탁에서 나누는 가족들의 정담을 텔레비전이 대신할 수는 없는 것입니다. 텔레비전은 오락이나 여가 활용의 도구일 뿐 가족의 일원은 아니니까요.

그런 까닭에 과도한 텔레비전 시청은 가족의 대화를 방해합니다. 더러 온 가족이 텔레비전 앞에 모여서 방영되는 프로에 관하여 이야기를 나눌 수는 있지만, 궁극적인 대화는 단절되기 십상입니다. 그러므로 식탁에서조차 텔레비전 때문에 대화의 기회를 잃는다는 것은 가족간의 애정을 포기하는 것과 같다고 하겠습니다. 제각기 다른 곳에서 활동하다가 모든 가족이 자연스럽게 만나는 곳이 식탁이니까요. 그야말로 식탁은 가족들이 서로 얼굴을 마주보면서 애정을 확인하고 격려하는 만남의 장소인 것입니다.

한편, 대부분의 유대인 가정에서는 집에 아예 텔레비전을 두지 않는 경우가 보통입니다. 즉, 거실에서도 텔레비전을 구경할 수 없는 것입니다. 유대인 가정의 거실에는 대개 텔레비전 대신 책장이 놓여 있습니다. 이에 아이들은 자연스레 TV 시청 대신 책을 읽게 되는 것입니다. 그럼 학교에 가면 왕따 당하지 않나 하는 걱정을 할 것입니다. 하지만 유대인들의 경우에 대부분 유대인 학교에 다니기 때문에 이런 걱정도 할 필요가 없습니다. 모두가 함께 텔레비전을 보지 않기에 요즘 연예인이나 프로그램을 모른다 해서 왕따 당할 일이 없기 때문입니다.

물론 우리의 현실에는 맞지 않는 이야기일 수도 있으나, 중요한 것은 텔레비전 때문에 가족간의 대화가 방해받아서는 안 된다는 사실입니다. 좋은 방법은 식탁에서만큼은 모든 신경을 가족에게로 집중시켜 가족간의 대화에 집중해야 한다는 사실입니다. 만약 이 시간을 텔레비전이나 다른 것에 빼앗긴다면, 더 이상 가족간의 대화를 이어 가기란 무척 어려운 일이 될 수밖에 없기 때문입니다.

두 시간짜리 밥상머리 대화

어느 한국인이 유대인 가정을 방문했을 때의 일입니다. 그 가정은 유대인 랍비의 집이었고, 마침 안식일(유대인의 일요일에 해당하는 토요일)이라 거나한 식탁이 차려졌습니다. 대개 우리나라의 경우에는 식사 시간이 삼십 분을 넘기 어려운 법인데, 이 유대인 가정의 식사 시간은 처음부터 끝까지 장장 두 시간 동안이나 이어졌습니다. 도대체 무엇을 하기에 식사 시간이 이처럼 긴지 궁금하지요?

유대인들의 안식일 식사는 나름의 순서가 있습니다. 먼저 예배를 드리고 나서 식사가 시작됩니다. 제일 먼저 샐러드와 빵을 먹는데, 이것을 먹은 후에 다시 『토라』를 읽고 노래하고 기도하는 시간을 갖습니다. 그리고 대화를 시작하는데 처음 방문한 사람이 있었기에 자기소개를 하는 시간을 가졌습니다. 다음으로 랍비는 『탈무드』를 읽고, 이것을 현대 사회에 어떻게 접목할 수 있을지에 대해 토론하자고 제의합니다. 이에 질문하고 답하는 대화가 본격적으로 이루어지는 가운데 비로소 고기 요리 식사가 이루어집니다. 이렇게 본 식사가 다 끝나면 마지막으로 디저트 시간을 가지는데, 이때부터는 『탈무드』를 벗어난 자유로운 대화가 시작됩니다. 물론 이러한 대화도 거의 질문하고 답하는 토론식으로 이루어집니다. 이러한 과정들이 모든 식사 시간이 끝날 때까지 근 두 시간 동안이나 지속되는 것입니다.

이 과정에서 인상적인 장면 두 가지가 있었습니다. 하나는 식사 과정에 문화 충격을 느낄 만한 일이 벌어진 것이었습니다. 유대인 랍비의 어린 아들이 그만 소스를 잘못 짚어 옷에 다 묻어 버린 것입니다. 그러자 어머니는 아이에게 큰 소리 한마디 하지 않고 조용히 일어나 아이의 옷을 갈아입혀 주었습니다. 그러자 이번에는 어린 딸이 잘못하여 물컵을 엎질러 물이 쏟아졌습니다. 하지만 이번에도 어머니는 화 한 번 내지 않고 물로 범벅이 된 식탁을 깨끗이 닦아 주었습니다. 아이들이 워낙 많아 긴 식사 시간 동안 온갖 자잘한 사고가 생겼지만 유대인 랍비와 어머니는 끝까지 화 한 번 내지 않는 것이었습니다. 손님이 와서 그러나 싶었는데, 아이들에게 화를 내지 않는 것이 평소 유대인 가정교육의 철칙이라고 하는 말에 아연실색할 수밖에 없었습니다.

또 다른 한 가지는 대화의 방식이 확연히 다르다는 데 있었습니다. 다른 유럽에서도 대개의 경우에 식사 시간은 우리와 달리 오랫동안 갖는 것으로 알려져 있습니다. 이들 역시 식사 시간에 가족간의 대화를 나누기를 즐겨하기 때문입니다. 하지만 이들이 나누는 대화란 보통 우리가 평소 '수다'라고 하는 것에서 크게 벗어나지 않는데, 유대인들의 대화는 격이 달랐습니다. 그들의 대화는 질문하고 대답하고……, 이것이 다였습니다. 그저 자신의 경험담을 늘어놓는다거나 단순한 수다를 떠는 것이 아니라 오로지 질문하고 대답하고가 전부였다는 것입니다. 이 과정에서 자신과 의견이 맞지 않을 경우에 대화는 토론으로 이어집니다. 그리고 토론에 불이 붙을 경우에는 토론이 논쟁으로까지 번집니다. 이게 무슨 학교의 수업 시간에 벌어지는 일이 아니라 그저 식탁에서 일어나는 일입니다. 그러니 식탁에서 이루어지는 그들의 대화가 독특하게 와 닿을 수밖에 없었습니다.

식사 시간이 끝나고 더욱 인상적인 장면이 연출되었습니다. 유대인 아버지가 자신의 아들을 교육시키는 모습을 볼 수 있었기 때문입니다. 아버지는 유치원에 다니는 아들의 공부를 봐 주겠다며 아들에게 공부 노트를 가져오라고 했습니다. 그리고 아들을 자신의 무릎에 앉히고는 질문을 하기 시작했습니다.

"오호, 셈하는 법을 배웠구나. 그래 4 더하기 5는 뭐지?"

아이는 아직 셈이 서툰지 손가락셈을 하더니 "8!"이라고 대답을 했습니다. 아마도 우리나라의 부모였다면 당장 틀렸다며 답을 말해 주었을지도 모르겠습니다. 하지만 유대인 아버지는 침착하게 다시 아이에게 질문을 던졌습니다.

"그럼 4 더하기 4는 뭐지?"

아이는 다시 손가락셈을 하다가 고개를 갸우뚱거립니다. 그제야 자기가 잘못 계산한 것을 깨달았는지 고개를 살래살래 흔들며 "아,

아까 그거 9야!" 하고 대답했습니다. 아이가 계산을 잘못한 것을 그 자리에서 지적하지 않고 지혜롭게 돌려 질문함으로써 아이 스스로 답을 찾게 해 준 것입니다. 정말 지혜로운 아버지라 느끼지 않을 수 없는 장면이었습니다.

유대인들의 밥상머리 교육을 보면 두 가지를 배울 수 있다고 생각합니다. 하나는 자애로운 지혜 교육입니다. 왜 유대인들은 잘못한 아이들에게 화를 내지 않을까 하고 의문을 가져 보지만, 결국 이 방법이 더 훌륭했기에 그들은 자애로운 교육을 선택했다고 생각합니다. 그리고 그 자애로운 교육의 결과는 이미 충분히 나타나고 있지 않습니까. 아이들에게 엄하게 회초리를 드는 교육 방법도 있겠지만, 결국 사나운 바람이 따뜻한 햇볕을 이기지 못하는 법입니다.

또 하나는 역시 대화식 토론 교육입니다. 식탁에서는 그냥 마음 편히 밥을 먹고 싶은 게 인지상정일 텐데……. 유대인들은 식탁조차 자녀 교육의 연장된 공간으로 보고 그 식사 시간에도 대화와 토론을 삽입한 것입니다. 그리고 이러한 밥상머리 교육은 자녀들이 성장하여 사회로 나갔을 때에 찬란한 빛을 발하게 해 주었습니다.

우리의 식탁을 다시금 돌아보지 않을 수 없습니다. 그저 밥 먹기에 충실할 뿐 우리의 식탁에서는 어떤 교육도 이루어지지 않고 있습니다. 목적이 없다 보니 이러한 식탁에 가족이 다 모이기 힘든 게 우리의 현실이기도 합니다. 하지만 아버지가 중심이 되어, 우리도 가정 교육을 시작해 보고 싶다면 가장 쉽게 활용할 수 있는 장소가 바로 식탁입니다. 매일이 힘들다면 일주일에 세 번, 아니 두 번이라도 밥상머리 자녀 교육을 식탁에서 시작해 봄은 어떨지요. 꼭 유대인의 방법을 모방하지 않더라도 식탁에서 자연스럽게 질문을 던지면서 먼저 자녀들과 교감을 나누는 것으로 시작할 수 있다면, 이미 아버지의 자녀 교육은 반쯤 시작된 것이 아닐까요?

공격하고 답변하고, 탈무드 디베이트를 하라

혹시 탈무드 디베이트라고 들어 보셨나요? 디베이트가 '토론', '논쟁'을 뜻하므로 탈무드 디베이트란 『탈무드』의 내용을 가지고 토론하고 논쟁하는 것을 뜻하겠지요. 그런데 탈무드 디베이트에는 단순한 토론, 논쟁을 넘어선 그 무엇이 있습니다. 도대체 그것이 무엇일까요?

유대인들이 모이는 시너고그에 가면 생소한 장면을 볼 수 있습니다. 무슨 맞장 토론이라도 하듯 두 사람이 일 대 일로 마주앉아 마치 싸움이라도 하듯이 서로를 공격하는 모습입니다. 이때 서로 논쟁하는 사람은 반드시 일대일로 이루어지며 그 일대일 구성은 아버지 대 아이, 아이 대 다른 아이, 아버지 대 다른 아버지 등으로 이루어집니다. 심지어 『탈무드』를 가르치는 선생이라 할 수 있는 랍비 대 랍비의 구성으로 이루어질 수도 있습니다. 도대체 이들은 마주앉아 무슨 이야기를 나누기에 서로 공격을 끊임없이 하는 것일까요?

우선 탈무드 디베이트는 한쪽의 공격으로부터 시작됩니다. 어떤 주제에 대하여 한쪽에서 반대 의견을 가진 상대에게 공격을 먼저 하는 것입니다. 그러면 반대 의견을 가진 상대는 자신의 입장에 대한 답을 합니다. 이때 서로가 공평히 하기 위해 말하는 시간을 2분 정도로 제한합니다.

그렇다면 도대체 무슨 내용으로 서로 논쟁을 벌이는 것일까요? 탈무드 디베이트에서는 현대 사회에서 벌어지는 여러 문제들 중 찬반이 뚜렷한 주제에 대하여 토론하는 것을 원칙으로 합니다. 왜냐하면 두루뭉술한 주제는 서로 간의 논쟁이 잘 이루어지지 않기 때문입니다. 예를 들어 최근에 이슈가 되고 있는 동성애를 찬성해야 하나, 금지해야 하나는 탈무드 디베이트의 좋은 주제가 될 수 있습니다. 또 학교의 무상 급식에 대한 찬반도 탈무드 디베이트의 좋은 주제가 될 수 있는 것입니다. 물론 아버지가 아이들과 탈무드 디베이트를 할 경우에 아이들의 수준에 맞는 주제가 선택되는 것은 당연합니다.

이제 탈무드 디베이트에 참가하는 유대인들은 찬반 논쟁을 시작하게 되는데, 이때 이들 논쟁의 바탕이 되는 것이 바로『탈무드』입니다. 앞에서도 이야기했듯이『탈무드』에는 역사·과학·의학 등 모든 분야를 망라한 지혜의 내용들이 등장하기 때문입니다. 이러한 지혜의 내용들을 어떻게 현대 사회의 현상에 적용하느냐 하는 점에서 각자의 의견이 달라질 수 있는 것입니다. 이때 논쟁에서 이기기 위해서는 무엇보다『탈무드』의 내용을 잘 숙지하고 있는 것이 중요합니다. 그래야 필요할 때에 『탈무드』의 바로 그 내용을 끄집어내어 적용할 수 있기 때문입니다.

유대인들은 이 때문에라도 평생 동안 『탈무드』를 읽어야 합니다. 『탈무드』는 워낙 방대한 책이라 평생 동안 읽어도 다 읽기 힘들 정도입니다. 그러니 『탈무드』는 유대인의 삶을 계속적으로 이어 주는 뼈대와 같은 역할을 할 수 있는 것입니다. 이 지혜의 책이라 할 수 있는 『탈무드』를 읽고 이것을 탈무드 디베이트를 통하여 자신에게 적용하는 지식을 늘려 가므로, 그들의 지혜가 늘어 갈 수밖에 없는 것입니다.

이러한 탈무드 디베이트는 어떤 결과를 이끌어 낼 수 있을까요? 탈무드 디베이트는 단순히 합의를 이끌어 내기 위한 토론과 달리 합리적인 논리력을 훈련하는 것이 목적이기 때문에, 이것에 익숙해지면 당사자는 온갖 지식과 논리력으로 무장한 사람이 됩니다. 또한 짧은 시간에 말하고 듣는 내용으로 이루어지기 때문에 상대의 말을 경청하는 것 또한 매우 숙달될 수밖에 없습니다. 이제 이러한 능력은 창의력을 표출하는 데 커다란 힘으로 나타나게 됩니다. 왜냐하면 창의력이란 결국 완전히 새로운 뭔가를 창조해 내는 능력이 아니라, 기존의 무질서한 지식들을 자신만의 새로운 방식에 따라 논리적으로 잘 편집해 내는 능력이라 할 수 있기 때문입니다. 유대인들이 유독 과학·의학·문학·예술·IT 등의 분야에서 창의력을 발휘하는 것은 바로 이 탈무드 디베이트의 힘이 크게 작용했기 때문이라고 해도 과언이 아닐 것입니다.

우리나라에서도 이러한 탈무드 디베이트의 논쟁 방식이 공부법에 소개되는 등 이를 학습에 모방하려는 움직임이 일어나고 있습니다. 하지만 아직은 미미한 수준에 그치고 있는 것이 안타깝습니다. 이러한 탈무드 디베이트를 우리에게도 적용하려면 먼저 아버지들이 일어나야 한다고 생각합니다. 왜냐하면 이것은 여자보다 남자들에게 더 강점이 있기 때문입니다. 그리고 아버지들이 먼저 아이들과 함께 아이들의 교과서에 나오는 내용을 주제로 한, 한 가지 주제를 놓고 아이와 일대일로 탈무드 디베이트를 하는 방식으로 공부해 보는 것도 매우 좋은 방법이라 생각합니다. 아버지가 아이들과 질문·대화의 방식에 익숙해졌다면, 이제 탈무드 디베이트에도 한번 도전해 본다면 분명히 내 아이의 창의력이 달라질 수 있다는 사실을 기억하십시오.

대화는 최선의 가정교육이다

대화는 서로의 마음을 이어 주는 끈과도 같습니다. 누군가와 이야기를 한다는 것은 진심이든 진심이 아니든 가슴을 열어 보인다는 뜻입니다. 모든 지식의 습득도 알고 보면 갖가지 대화를 매개로 합니다. 자기 자신은 물론 부모나 선생님 또는 책이나 대중 매체와의 대화를 통해서 몰랐던 것들을 경험하게 됩니다. 물론 자기가 알고 있는 것을 표현하는 일도 이야기를 통해서 이루어집니다.

비뚤어진 아이들, 이른바 문제아들에게 있어서 가장 아쉬운 점이 부모와의 대화가 부족하다는 것입니다. 한창 감수성이 예민하고 호기심이 많은 시기를 저 혼자 맞다 보니 탈선의 위험이 높을 수밖에 없습니다. 그러므로 부모의 방관은 곧 아이를 우물가에 혼자 두는 것과 같다고 하겠습니다. 이처럼 부모와 자녀 사이의 대화는 단순히 함께 시간을 보낸다는 의미를 넘어서 세상을 똑바로 바라볼 용기와 지혜를 주는 일인 것입니다.

『탈무드』는 이런 질문을 합니다.

"만일 몸은 하나인데 머리가 둘 있는 아이가 태어났다면, 그 아이를 한 사람으로 보아야 하는가, 두 사람으로 보아야 하는가?"

유대인 랍비의 대답은 이렇습니다.

"뜨거운 물에 한쪽 머리를 닿게 했을 때에 두 머리가 모두 비명을 지르면 한 사람이고, 뜨거운 물에 닿은 머리만 비명을 지르면 두 사람이다."

그저 재치 있는 우스갯소리라고 할지도 모르겠지만 결코 그렇지 않습니다. 이 묘한 질문과 대답은 유대인 특유의 공동체 의식에 대한 교훈을 담고 있기 때문입니다. 그 랍비는 이렇게 가르칩니다.

"이스라엘이나 세계 각국의 유대인들이 박해로 인한 고통을 받았을 때, 그 고통을 함께 느끼고 비명을 지르면 그 사람은 유대인이다. 그러나 아무런 고통도 느낄 수 없다면 그 사람은 유대인이 아니다."

유대인만큼 이야기를 좋아하는 민족도 없습니다. 그들의 성전인 『탈무드』는 2천여 명의 학자들이 편찬한 것으로, 무려 1만2천 페이지에 이르는 구전 문학입니다. 너무도 방대한 분량이라 평생 읽어도 다 읽지 못한다고 합니다. 그럼에도 불구하고 그들은 새로운 이야기를 만들어 내고 다른 사람에게 들려주는 것을 취미로 삼는 경우가 많습니다. 그들이 자녀에게 들려주는 이야기에는 반드시 교훈이 담겨 있습니다. 그러므로 부모의 이야기를 들은 아이는 그 교훈을 이해하기까지 많은 생각을 해야 합니다. 마침내 자기 자신의 상상력으로 교훈을 찾아냈다면, 다시 부모와의 대화를 통해서 자기 것으로 만드는 과정을 거치게 됩니다.

아이들을 꿈꾸게 하는 것은 한 토막의 이야기입니다. 그것이 유명한 동화든 부모가 지어낸 옛날이야기든 마찬가지입니다. 모든 아름다운 이야기는 아이들의 감성을 자극합니다. 이런 행동은 요즈음 부모들의 관심을 모으고 있는 EQ를 높여 준다고 합니다.

어느 아동학자의 말처럼 '자신의 감정을 이해하고 남의 감정에 공감하며 그 감정을 통제하는 능력'이 EQ라면, 이야기를 통한 상상력 훈련이야말로 이를 기르는 더없이 좋은 방법인 셈입니다. 한 가지 주의할 점은 부모의 해석을 강요하지 않는다는 것입니다. 이야기를 함에 있어서 부모의 생각을 미리 말해 버리면, 아이들은 더 이상 상상을 하지 못하고 어떤 한계에 부딪히고 맙니다. 부모와는 얼마든지 다른 생각을 할 수 있도록 충분한 기회를 주어야 합니다. 그래야만 아이들이 아무런 제약 없이 마음껏 상상하면서 새로운 이야기를 만들어 낼 수 있기 때문입니다.

EQ가 높은 사람은 자기의 감정 상태를 정확히 알 수 있습니다. 그 감정에 대한 자신의 기분이나 생각을 분명히 인식하는 것은 물론입니다. 이처럼 자기 마음에 솔직하고 옳고 그름에 대한 분별력이 있는 사람이라면 실수를 덜 하게 마련입니다. 흔히 자기도 모르게 실수를 하고 말았다는 사람은 EQ가 낮은 사람으로, 정신적으로 성숙하지 못한 경우가 대부분입니다. EQ가 높은 사람은 다른 사람의 감정을 잘 파악하는 것은 물론, 자신의 충동을 자제하고 분노를 삭일 줄도 압니다. 그리고 자신의 마음을 상대방에게 표현함에 있어서도 어려움이 없습니다. 당연히 자신의 삶에 대한 행복지수도 높을 수밖에 없습니다. 모든 사물과 자신의 삶에 대해 긍정적인 사고를 지니고 있기 때문입니다.

행복은 자기가 처한 상황에 달려 있는 것이 아니라 그것을 어떻게 생각하느냐에 달려 있다고 합니다. 아무리 많은 재산을 갖고 있어도 항상 부족함을 느낀다면 가난한 사람입니다. 반면에 물질적으로는 가난하더라도 스스로 풍족하다고 생각하면 그는 부자인 것입니다. 가정에서 EQ 교육을 잘 받은 사람은 도덕성이나 사회성에 있어서도 높은 수준을 유지합니다. 그러면 다른 사람들과도 좋은 관계가 성립되어 그들로부터 호감과 존경을 받게 됩니다. 이는 곧 가정이나 사회에서의 성공을 의미합니다. 현대 사회에 있어서 원활한 대인 관계는 곧 무난한 성공을 의미하기 때문입니다.

결국 부모와 대화를 많이 나누며 자랐거나 교훈적인 이야기를 어려서부터 듣고 자란 아이는 감성은 물론, 잠재 능력이 발달되어 보다 뛰어난 사람으로 성장할 것입니다. 물론 공부를 열심히 하여 많은 지식을 얻는 것도 중요합니다. 그러나 지식의 습득을 보다 수월하고 빛나게 만드는 것은 그 사람이 지닌 풍부한 감성입니다.

아이와 함께 있는 시간이
가장 소중하다

자식을 키우다 보면 한 가지 분명한 사실을 알게 됩니다. 즉, 아이들이 어릴 땐 부모가 성가실 만큼 부모의 품에서 벗어나려 하지 않지만, 반대로 점점 자라 자신들의 세계를 구축해 가면 이번에는 부모가 아이들로부터 소외된다는 사실입니다.

여름휴가 때만 해도 그렇습니다. 초등학교를 졸업하기 전까지만 해도 해마다 여름 방학이 시작될 무렵이면 "이번엔 어디로 피서 갈 거예요?" 하고 묻던 아이들이 중학생이 되어서는 오히려 부모 쪽에서 "이번엔 산으로 갈까, 바다로 갈까?" 하고 물어도 "아무 데나 가요."라고 하거나 노골적으로 시큰둥한 반응을 보입니다. 그런가 하면 고등학생이 된 뒤로는 아예 저희들끼리 피서 계획을 짜 놓고 부모를 따돌리기 일쑤입니다. 자식이란 이렇듯 커 가면서 부모의 품에서 한 걸음씩 벗어나는 존재입니다. 부모가 아무리 애지중지하며 키워도 때가 되면 나름대로 독립된 인격제로 살아가길 원하고, 심지어는 부모의 애정을 자신에 대한 지나친 억압이라고 몰아붙이기도 합니다.

"제발 날 좀 혼자 내버려두세요!"

내 살과 피를 덜어 주어도 아깝지 않을 사랑하는 자식의 입에서 이런 말이 나올 때쯤이면 부모는 심한 허탈감 내지는 상실감에 사로잡히게 됩니다. 그렇다고 해서 "어떻게 네가 나한테 그런 말을 할 수가 있니? 내가 뭘 그렇게 귀찮게 했다고?"라는 식으로 아이를 붙들고 실랑이를 해 봤자 돌아오는 건 아이의 짜증뿐입니다.

도대체 세상에 둘도 없는 부모와 자식 사이가 왜 이렇게 되었을까요? 그것은 아이가 어릴 때부터 부모와 함께 나눌 수 있는 그 무엇인가에 결핍을 느꼈기 때문일 수도 있습니다. 그것을 아이는 정확히 깨닫지 못하더라도, 그로 인해 부모와 자식 사이에 벽이 생긴 것만은 분명한 사실일 것입니다. 물론 이 문제를 자녀가 성장하는 과정에서 자연스럽게 일어나는 현상으로 받아들일 수도 있습니다. 이를테면 이유 없이 반발심이 생기고 감수성이 예민해지는 사춘기 증후군 같은 것 말이지요.

부모는 자식에게 있어서 참고서이자 교과서 같은 존재입니다. 그 교과서에는 틀림없이 시간표가 있습니다. 자녀와 함께 보낼 수 있는 시간의 일정표를 다시 검토해 보십시오. 어쩌면 당신의 자녀가 결핍을 느끼고 있는 것은 진작에 함께 누렸어야 할 부모와의 시간인지도 모릅니다. 단순히 양적인 의미에서의 시간이 아니라 질적으로도 충만감을 가질 수 있는, 따뜻한 나눔의 시간 말입니다.

당신은 10년 혹은 20년 후에 자녀가 당신을 어떤 부모로 기억해 주길 원합니까? 유대 격언에 '어리석은 사람은 돈을 내고 배우지만, 지혜로운 사람은 어리석은 사람이 낸 돈으로 배운다.'라는 말이 있습니다. '설마 내 자식이 그렇게 되지는 않겠지?'라고 생각할 때에는 당신도 이미 어리석은 사람 쪽으로 기울어지고 있는 것입니다.

자녀들이 부모를 어떻게 보는가는 그들과 함께 보낸 시간의 질량에 따라 좌우됩니다. 돈이나 사회적인 명성이 좋은 부모의 판단 기준이 될 수는 없습니다. 그것은 어디까지나 단순한 환경의 차이일 뿐입니다. 만약 당신의 일상적인 모습을 확인하고 싶다면 어린 자녀에게 부모 흉내 내기를 시켜 보십시오. 아마도 당신은 아이의 행동을 통해 부모인 자신의 모습을 생생하게 볼 수 있을 것입니다. 식탁에서 신문을 보는 모습, 텔레비전 연속극에 열중하는 모습, 술에 취해 비틀거리는 모습, 고함을 지르는 모습, 신경질을 부리는 모습 등 우리가 평소에 하던 모습들이 그대로 연출될 것입니다.

부모에 대한 부정적인 모습은 아이들이 부모를 어떻게 생각하고 있는지를 단적으로 보여 주는 증거입니다. 더 중요한 것은 부모인 당신이 자녀를 어떻게 대하는가를 시켜 보는 것입니다. 아이들은 당신의 습관적인 말투부터 시작해서 눈짓, 손짓, 발짓까지 그대로 나타냅니다. 이런 광경은 부모와 자녀가 어떤 관계를 맺고 있는가를 잘 보여 줍니다. 뿐만 아니라 흉내 내기를 통해서 가정에서의 교육이 얼마나 무절제하게 진행되어 왔는지를 읽을 수 있습니다. 오늘 자녀와 대화하는 시간을 마련하십시오. 대화의 주제로 자녀를 임신했을 때에 아버지와 어머니가 얼마나 기뻐했는지에 대한 이야기도 아주 훌륭한 이야깃거리가 될 것입니다.

여기서 자녀와 함께 풍부한 대화를 나누기 위한 몇 가지 방법을 소개해 보기로 합니다.

1. 하루에 한 가지 질문을 하십시오.

책임을 추궁하는 것이 아닙니다. 아이의 생각보다는 느낌을 물어야 합니다. 이런 식의 대화법은 비록 짧은 시간이지만 자녀에게 깊은 인상을 심어 줄 수 있습니다. 만약 자녀가 자신의 느낌을 표현하는 데 있어서 당황해 한다면 부모가 도와주어야 합니다.

"우울했어?"

"화가 났겠구나."

"서운했겠다."

"놀랐지?"

"기분 좋았겠구나."

등등 이런 대화는 자연스럽게 부모와 자식 사이의 유대를 돈독하게 해 줄 것입니다.

2. 한 달에 한 번, 주말은 가족과 함께 보내십시오.

쉬운 일 같지만 지속적으로 실천하기란 매우 어렵습니다. 가족이 함께 보낸다고 해서 무조건 외식을 하거나 집 안에 둘러앉아 하루종일 텔레비전을 보라는 것이 아닙니다. 즉, 가족의 사소한 일상을 함께 나눌 수 있는 풍부한 대화의 시간을 가지라는 것입니다. 가까운 공원에라도 나가서 가족과 함께 할 수 있는 놀이를 찾아보는 것도 유익한 방법이 될 수 있습니다.

3. 몇 시까지 공부하라는 말은 하지 마십시오.

시간으로 공부하는 것은 아닙니다. 시간을 지키지 않는 쪽은 오히려 부모입니다. 부모 자신은 그렇게 하지 못하면서 자녀에게만 강요한다면 자녀는 불만을 가지게 되고, 그 불만은 의외로 큰 불신을 낳습니다. 공부를 열심히 하라는 뜻을 전할 수 있는 방법은 너무나 많습니다. 부모가 집에서 독서하는 모습을 보여 주면서 아이들이 자연스럽게 공부할 수 있는 분위기를 조성하는 것은 어떻습니까?

4. 당신의 어린 시절을 들려주십시오.

가능한 한 부모와 함께 보냈던 순간들을 말하십시오. 또 그 추억들이 당신에게 어떤 의미가 있는지도 들려주면 자녀는 스스로 존재의 의미를 깨닫게 됩니다. 불우했던 추억일지라도 숨기지 말아야 합니다. 당신의 불행했던 과거가 자녀에게 하나의 교훈이 될 수 있도록 솔직하게 들려주십시오.

5. 주말 계획을 일주일 전에 자녀에게 말하십시오.

만약 주말에 부부끼리 외출할 계획이 있다면 일방적으로 통보하지 말고 부모가 집을 비울 수밖에 없는 합당한 이유를 말함으로써 양해를 구하며, 그들이 주말 시간을 알차게 계획할 수 있도록 유도하십시오. 그러나 매주 자녀로 하여금 빈집을 지키게 하는 일은 그들로 하여금 소외감과 거리감을 느끼게 하므로, 가능한 한 주말은 함께 보낼 수 있도록 배려하십시오.

6. 텔레비전 채널을 두고 다투지 마십시오.

대개의 경우에 방송국에서는 프로그램을 시청자 위주로 편성해 놓고 있습니다. 만화가 방영될 때는 자녀를 위한 시간입니다. 채널을 두고 다투지 말라는 말의 참뜻은 아이들 앞에서 텔레비전에 많은 시간을 **빼앗기는** 모습을 보이지 말라는 것입니다. 텔레비전 앞에서는 부모의 약점이 쉽게 표출됩니다. 그렇다고 방마다 텔레비전을 두는 것도 좋은 일은 아닙니다. 하나를 얻는 대신 둘 이상을 잃을 확률이 높다는 것이지요.

하브루타 공부법으로 가르치라

아버지가 가정교육을 시작하겠다고 했을 때, 아마도 가장 걱정되는 것은 역시 아이의 '공부'에 관련된 일일 것입니다. 우리나라의 현실에서 아이의 공부를 무시할 수는 없을 테니까요. 우리나라 부모들이 아이를 공부시키는 방법은 거의 학원에 의존하고 있다고 해도 과언이 아닐 것입니다. 실제로 학원이 아이의 단기 성적을 올려 주는 데 지대한 역할을 하고 있는 것도 사실입니다. 또 학부모의 입장에서 학원은 비교적 손쉬운 수단이기도 합니다. 돈만 내면 아이의 공부 문제를 어느 정도 해결해 주니까요.

그런데 만약 여기에 기가 막힌 공부법이 있다면 귀가 솔깃하지 않을 부모는 없을 것입니다. 우리나라에서 아이들이 공부하는 방법은 단순합니다. 학원의 강의를 듣거나 또는 혼자 책의 내용을 달달 외우거나 이해하려고 노력하는 정도입니다. 여기에서 조금 발전된 공부법이란 각종 공부 비법을 담은 책들을 참조하는 정도입니다. 그런데 과연 이런 방법들이 최선의 방법일까요? 물론 현재로서는 최선의 방법이라 할 수 있을지 모르나, 이러한 방법들은 결국 어떻게든 시험만을 잘 보기 위한 공부법이란 사실을 잊지 말아야 합니다. 즉, 자신의 생각은 뒷전에 두고 그저 주입식 공부를 하는 것에 불과하다는 것입니다. 이러한 공부법의 결과는 결국 아이의 창의력을 좀먹는 결과로 나타나고 말 것입니다.

그렇다면 아이의 공부 실력을 향상시켜 주고 창의력까지 높여 줄 수 있는 그런 공부법은 없을까요? 여기에 언젠가 EBS 방송에서 보여 주었던 한 장면을 소개하고자 합니다. 바로 '하브루타 공부법'입니다. 하브루타 공부법이란 앞에서 이야기했던 탈무드 디베이트의 또 다른 유대인식 공부법 이름입니다. 즉, 『탈무드』 공부뿐 아니라 학교 공부를 할 때에도 디베이트 방식으로 공부하는 것이 바로 하브루타 공부법입니다.

당시에 EBS 제작진들은 재미있는 시도를 하였습니다. 학생들을 두 그룹으로 나눠 A 그룹은 그냥 우리가 하는 일반적인 방법으로 공부하게 하고, B 그룹은 하브루타 공부법으로 공부하게 한 것입니다. 물론 시험을 보는 내용과 분량, 공부하는 시간은 두 그룹 모두에 똑같이 공평하게 적용하였습니다. 드디어 학생들의 공부가 시작되었습니다. A 그룹 학생들은 마치 쥐 죽은 듯이 혼자 책의 내용을 이해하고 외우느라 사뭇 진지하게 공부했습니다. 반면에 B 그룹은 둘씩 짝을 지어 시험 볼 내용을 놓고 서로 질문하고 답하는, 시끄러운 하브루타식 공부를 했습니다. 그런데 A 그룹 공부 방식에 익숙해 있던 우리로서는 B 그룹의 공부가 '저게 뭐야?' 하는 의문이 들 정도로 이상하게 보였습니다. "과연 저렇게 해도 공부가 될까?", 더 나아가 "아니, 책 내용을 보기나 하는 거야?" 하는 비아냥거림이 들릴 정도였습니다.

드디어 공부 시간이 끝나고 두 그룹은 나란히 앉아 시험을 치렀습니다. 과연 결과가 어찌되었을까요? 놀랍게도 A 그룹보다 B 그룹의 성적이 훨씬 훌륭하게 나왔습니다. 도대체 왜 이런 결과가 나타난 것일까요? 정말 유대인들이 하는 하브루타 공부법에 무슨 비밀이라도 숨겨져 있는 것일까요?

전문가들의 소견에 의하면 하브루타 공부법이 더 우수할 수밖에 없는 이유가, 일반적인 공부법의 경우에는 단지 시각만 사용하지만 하브루타 공부법의 경우에는 시각 외에 청각에 외부로 표출되는 언어까지 사용하기 때문이라는 것입니다. 실제로 하브루타로 공부한 학생들에게 물어보니 자신들도 처음에는 이게 공부가 될까 의심했지만, 하브루타 공부를 하면서 오히려 공부가 재미있고 집중도 더 잘되는 경험을 하였다고 합니다. 무엇보다 상대에게 공부 내용을 말로 전하면서 자신이 제대로 이해하고 있지 못한 부분을 깨닫게 되거나, 또 상대의 질문을 받으면서 전혀 알지 못했던 새로운 내용까지 알게 되는 효과가 있었다고 합니다.

어떻습니까? 이 정도라면 하브루타 공부법을 그냥 지나칠 수는 없겠지요. 하브루타 공부법이 더 놀라운 것은, 현재 유대인들이 전 세계적으로 각 분야에서 활약할 수 있는 원동력을 바로 이 하브루타 공부법이 제공해 주고 있다는 사실입니다. 즉, 하브루타 공부법은 단지 책의 내용을 공부하는 데에도 극대의 효과를 줄 뿐 아니라, 거기에 더하여 논리적으로 말하기·발표력·사고력에서 더 나아가 창의력까지 더해 주는 훌륭한 공부법이라는 것이지요. 논리적으로 말하기·발표력의 경우에는 내가 상대를 이해시켜야 하므로 자연스럽게 생길 수밖에 없으며, 사고력의 경우에는 논리적으로 말하기 위한 전 단계로 터득할 수밖에 없는 것입니다. 한편, 창의력은 이 모든 하브루타 공부를 한 결과의 산물이라 할 수 있습니다. 즉, 하브루타로 공부한 학생들은 단지 주입식 공부만을 한 것이 아니기에 자신의 생각까지 가미된 폭넓은 사고와 상상력으로 무장되므로, 결국 그것들이 잘 조합되어 멋진 창의력으로 등장하게 되는 것입니다. 따라서 유대인들의 창의력은 바로 이 하브루타 공부법 덕분에 뛰어난 기량을 발휘하고 있다고 해도 과언이 아닐 것입니다.

이제 우리 아버지들의 차례입니다. 자신이 권위를 가지고 가정교육에 참여한다고 했을 때, 아이의 학교 공부는 이제 하브루타 공부법으로 접근해 보는 것도 좋은 방법이 될 것입니다. 먼저 아이의 교과 과정을 숙지한 다음, 아버지도 아이와 같은 학생 신분으로 아이와 함께 하브루타로 공부해 보는 것입니다. 처음에는 어색할지 몰라도 아이는 점점 공부에 재미를 붙이게 될 것이며, 아버지 또한 새로운 공부 세계를 경험하게 될 것입니다. 이처럼 하브루타 공부법을 시작하게 된다면, 무엇보다 이 공부법이 아이의 학교 공부를 향상시킬 뿐만 아니라 아이의 말하기·발표력·창의성까지 길러 준다는 사실을 기억하십시오. 그러면 지치지 않고 아이와 함께 이 공부를 계속해 나갈 수 있게 될 것입니다.

4장

창의적 인성도 중요하다

잘못을 꾸짖되 비웃지 말라 | 형제간이라도 비교하지 말라
아이를 야단칠 때에는 태도를 분명히 하라 | 잘못은 그 자리에서 가르치라
야단친 후에는 반드시 위로하라 | 아이에게 불신감을 드러내지 말라

잘못을 꾸짖되 비웃지 말라

부모는 자녀가 잘못했을 때에 야단칠 수도 있고 매를 들 수
도 있습니다. 그러나 이런 경우에 각별히 유의해야 할 점
은, 자식을 비아냥거리거나 멸시하는 듯한 태도를 취해서는 안 된다
는 것입니다. 자식에게 씻을 수 없는 상처를 안겨 주고서도 "나는 부
모로서 마땅히 해야 할 일을 했다."라거나 "내 자식이 잘되라고 매질
을 했다."라고 말하는 것은 부모의 착각입니다. 가령 대학 진학을 앞
둔 자녀가 있다고 합시다. 그의 아버지는 이과 계열을 권하는데 자녀
는 한사코 문과를 고집했습니다. 그러다가 아이는 그해 시험에 낙방
하고 말았습니다. 시험에 떨어지고 의기소침해진 자녀가 재수를 하
겠다고 아버지에게 말하자 아버지는 이렇게 답합니다.

"재수를 한다고 해서 네 실력이 어디로 가겠니? 아비 말은 들은

척도 않고 제멋대로 원서를 쓰더니 꼴좋다. 그래, 나도 더 이상 너 때문에 골치 썩고 싶지 않으니까 재수를 하든지 삼수를 하든지 네 맘대로 해!"

말의 내용이 옳고 그름을 떠나서 부모가 자녀에게 빈정거리는 태도는 자녀를 위해 결코 좋지 않습니다. 빈정거리는 태도는 열 번, 백 번 매를 드는 것보다 훨씬 자녀에게 씻을 수 없는 상처를 남깁니다. 예를 들어 아이가 숙제를 해 가지 않아 선생님에게 꾸중을 들었다고 합시다. 그 얘기를 들은 부모가 자녀에게 말할 때에도 그렇습니다.

"내 그럴 줄 알았다. 엄마가 숙제하라고 그렇게 말했는데도 끝까지 말 안 듣더니 결국 야단을 맞았구나. 야단 정도가 아니라 매를 맞아도 싸지, 싸!"

자녀에게 이런 말을 한 번도 해 본 적이 없다고 말할 부모는 아마 없을 것입니다. 대부분의 부모들이 이와 비슷한 말들로 자녀에게 상처를 주고 있음을 인정해야 할 것입니다. 더구나 많은 부모들이 부부 싸움을 하고 그 화풀이를 자녀에게 하려는 경향이 있습니다. 배우자가 당신을 빈정거렸을 때, 당신은 자녀 중 배우자를 더 많이 닮은 아이에게 알게 모르게 화풀이를 합니다. 정도의 차이는 있겠지만, 이런 모습은 어쩔 수 없는 심리적 전이 현상으로 나타나는 게 현실입니다.

농담처럼 빈정거리며 꾸짖는 것은 매를 드는 것보다 나쁩니다. 빈정거림 그 자체가 의도적이기 때문입니다. 농담 섞인 비판은 두고 두고 자녀의 머릿속에 남아 자꾸만 혼란을 일으키게 합니다. 부모들끼리 모이면 자기 자녀에 대한 칭찬보다는 잘못을 이야기하면서, 서로 공감하고 위로하며 정당화하려는 모습을 볼 수가 있습니다. 오히려 자식 자랑을 하면 팔불출이라고 하면서 달갑지 않은 반응을 나타 냅니다. 이렇게 우리 부모들은 어긋난 반응이 몸에 배어 있어서 자녀 들에게 빈정거리는 말을 해 놓고도 잘못했다고 생각하지 않으며, 점 점 그러한 행동에 무감각해지는 것입니다.

"네 머리로 무슨 대학을 가겠니? 차라리 일찌감치 다른 길을 알 아보는 게 낫지.", "엄마 말 안 듣고 그렇게 놀기만 하더니 꼴좋다. 대 학 못 가면 엄마 원망하지 마라. 다 네 책임이니까." 등과 같은 말을 들으면 아이는 자존심은 물론 자신감도 잃게 됩니다. 그러므로 아이 가 잘못을 했을 경우에 꾸짖거나 매를 들 수는 있지만, 절대로 자녀를 비꼬는 듯한 언행은 삼가야 합니다. 그리고 기왕이면 비난보다는 칭 찬을 해 주는 쪽으로 분위기를 이끄는 것이 좋습니다. 부모한테서 야 단맞아 고쳐진 버릇이 과연 몇 가지나 되는지 부모 스스로 성찰해 보 는 것도 한 가지 방법입니다.

형제간이라도 비교하지 말라

흔히 아이들은 부모가 자기 마음을 몰라줄 때에 세대 차이가 난다며 투덜대곤 합니다. 서로 살아온 환경이 달라 의견 차이가 생긴다는 뜻이지요. 사실 요즘 아이들은 예전에 비해 무척 다릅니다. 자신이 하고 싶은 일은 무조건 하려고 듭니다. 모든 행동에 거침이 없고 남의 눈치 따위에는 아랑곳하지 않습니다. 그러다 보니 옷 입는 것, 먹는 것에서부터 학교 생활이나 교우 관계에 이르기까지 부모들과 사사건건 부딪치게 되는 것입니다.

물론 긍정적인 면도 있습니다. 아이들의 외형이 아주 다양하고 자유로워졌다는 것은 그만큼 생각도 자유로워졌다고 할 수 있으니까요. 자유로운 사고를 가진 아이는 나중에 창조적인 일을 하는 데도 그만큼 유리하기 때문입니다. 다만 이러한 행동의 자유가 꼭 창의적이고 생산적인 사고의 자유로 발전하지는 않는다는 것에 우리의 고민이 있습니다. 오히려 부모의 가치관이나 사회에 대한 불신으로 이어져 비뚤어지는 경우도 허다하니까요. 그러므로 아이들이 누리는 자유가 방종으로 오해되지 않도록 자유로운 시각, 즉 '자기만의 개성 있는 시각'에 대한 끊임없는 교육과 격려가 필요한 것입니다.

만일 두 명 이상의 자녀를 두고 있는 부모라면 더욱 신경을 써야 합니다. 아이들은 자신의 형제나 자매를 통해서 또 다른 나를 찾거나 다른 사람과의 관계를 익히게 됩니다. 그래서 부모가 자녀들을 불평등하게 대하거나 평가를 하면 아이들은 쉽게 상처를 받고, 성인이 되어서도 그 상처가 마음에 남아 있는 경우가 많습니다. 이는 부모가 모든 자녀를 하나의 모범 답안지로 키우려 하기 때문입니다.

유대인들은 절대로 자녀를 비교하는 법이 없습니다. 그들은 자녀들이 인격이나 능력 면에서 서로 다르다는 것을 늘 염두에 둡니다. 설사 쌍둥이 형제라 하더라도 한 아이가 그보다 우수한 다른 아이를 닮기를 바라거나 하지 않습니다. 예를 들어 동생에게 "형은 저렇게 공부를 잘하는데 너는……." 하는 식으로 나무라지 않습니다. 도저히 형의 실력에 미치지 못하는데 강요한다고 해서 그의 성적이 오를 리도 없을뿐더러 공연히 자신의 한계에 대한 절망감만 느끼게 하기 때문입니다. 또 공부 잘하는 형과는 달리 동생은 다른 분야에서 두각을 나타낼 수도 있는데, 그 능력까지 빼앗는 결과가 될 테니까요.

이렇듯 그들은 한 가지 분야에 대한 우열이나 서로의 지능 따위를 비교하는 일이 얼마나 무모한 것인지 잘 알고 있습니다. 다시 말해서 부모가 학교 성적만으로 형제의 우위를 구별하는 것은, 그것에 뒤떨어진 아이의 미래는 기대하지 않는다는 선언과도 같다는 것입니다. 모든 사람이 제각각의 얼굴을 가지고 있듯이 아무리 형제라 해도 각기 다른 특성을 지니고 태어납니다. 그렇기 때문에 '무엇을 좋아하는가'는 물론 '하나의 사물에 대한 생각'까지도 서로 다를 수밖에 없습니다.

어느 날 당신이 두 자녀를 데리고 미술 전시회에 갔다고 합시다. 그곳에 걸린 어떤 그림을 두고 아이들끼리 논쟁이 벌어졌습니다. 한 아이는 뭉게구름이 피어 있는 하늘 같다고 하고, 다른 아이는 맛있는 솜사탕 같다고 합니다. 이렇듯 그 그림에 대한 생각이 서로 달라서 한참이 지나도록 결론을 내지 못하고 입씨름을 합니다. 결국 아이들은 아버지를 불러 서로 자신의 생각이 옳다고 주장합니다. 그때 당신은 어떻게 하시겠습니까, 혹시 이렇게 말하지 않을까요?

"음, 글쎄다. 솜사탕 같기도 하고 뭉게구름이 있는 하늘 같기도 하고, 또 굴뚝에서 피어오르는 연기처럼 보이기도 하는구나. 이렇게 그림 하나를 두고도 누구나 다르게 생각할 수 있단다. 한 가지를 가지고 서로 다르게 생각하는 건 정말 재미있는 일이거든."

후일 당신은 자녀 중 한 아이가 거실 벽에 걸린 그림을 보면서 이웃집 아이와 나누는 대화를 듣게 될지도 모릅니다. 그러고는 무척 흐뭇해 하겠지요. 아이는 이렇게 말합니다.

"아니야. 저건 나무가 될 수도 있고 아주 키가 큰 사람이 될 수도 있어. 우리 아버지께서 남과 다르게 생각해도 좋다고 하셨어. 그건 재미있는 일이래."

이처럼 아이들은 어릴 때부터 자유롭게 생각하는 법을 익혀야 합니다. 어떤 대상에 대한 자유롭고 다양한 생각을 머릿속에 쌓아 둔 다음, 분명한 자기만의 의견을 독창적으로 표현하는 것이 중요합니다. 그런 과정을 통해서 당신의 아이는 독특한 개성을 키우는 한편, 창의력이 넘치는 아이로 성장하게 되는 것입니다.

자녀에 대한 유대인 부모들의 관심은 그들의 능력보다는 서로 다른 개성에 있습니다. 하다못해 자녀가 친구 집에 놀러 갈 경우에도 결코 형제를 함께 보내는 일이 없습니다. 서로의 취미가 다르므로 같은 장소에 간다는 것은 별 의미가 없기 때문입니다. 차라리 따로 나가서 각기 다른 세계를 경험하는 편이 아이들에게 훨씬 교육적이라고 여기는 것입니다.

유대인들은 가족에 대한 사랑이 각별한 걸로 알려져 있습니다. 이 역시 그들의 자녀 교육이 서로에 대한 비교나 경쟁보다는 느긋하고 경쾌한 관계로 만들어 주기 때문입니다. 그들이 자녀들에게 바라는 최고의 바람은 각각의 개성을 가지고 성장하여 서로 아끼고 돕는 삶을 사는 것이라고 합니다.

자기 자신을 다른 사람과 비교하여 평가하는 것만큼 불쾌한 일은 없습니다. 더군다나 매일 얼굴을 마주 대하며 살아가는 형제간을 두고 "넌 왜 형처럼 잘하지 못하니?" 혹은 "넌 나이 어린 동생만큼도 잘하는 게 없니?" 등의 말로 깎아내린다면 자녀의 성장은 물론 형제간의 우애마저 가로막게 됩니다.

아이를 야단칠 때에는 태도를 분명히 하라

유대인은 건강을 대단히 중요하게 생각합니다. 어느 민족이나 마찬가지겠지만, 이들은 육체적인 건강과 정신적인 건강을 통하여 삶의 가치가 결정된다고 믿고 있습니다. 먼저 육체적인 건강은 몸을 깨끗이 하고 옷을 청결하게 입고 주위 환경을 정돈하는 것을 의미합니다. 또 유대인의 계율인 코셔(정결) 음식만을 먹는 행위도 여기에 해당됩니다.

그들의 가장 큰 특징은 건강하고 청결한 삶입니다. 어느 민족보다도 깨끗하고 건강하게 사는 민족이 유대인들입니다. 그들에게 있어 가정은 성전과도 같습니다. 그러므로 늘 까다로울 정도로 청결을 유지하는 데 신경을 씁니다. 유대인 가정을 방문하는 이방인들은 그들이 하루 종일 청소만 하고 사는 것이 아닌가 하는 의문을 품을 정도

104

입니다.

이렇듯 집 안이나 자신의 몸을 깨끗하게 유지하는 것뿐만 아니라 보이지 않는 마음의 건강을 유지하는 것도 중요합니다. 아무리 몸이 건강하더라도 마음이 병들었다면 소용없기 때문입니다. 그들은 가정에서 마음을 타락시킬 수 있는 모든 유혹들을 제거하는 것이야말로 자녀 교육의 필수 조건이라고 생각합니다.

예를 들어 포르노 비디오나 음란 사진, 잡지, 술, 담배, 마약 등 자녀의 몸과 정신 건강을 해치는 모든 것들을 가정에서 몰아냅니다. 그 대신 책을 읽거나 고전 음악을 듣게 함으로써 자녀들이 정신적으로 성장할 수 있도록 도와줍니다. 나아가 자녀들이 가정을 진심으로 사랑하고 서로 협조하도록 유도하며, 가족간의 좋은 추억을 많이 만들 수 있도록 배려를 아끼지 않습니다. 또 자녀들이 나중에 어른이 되어 자신의 가정을 갖더라도 그런 분위기를 만들어 나가도록 교육합니다.

유대인 부모들은 자녀들의 심리적 상태에 무척 신경을 씁니다. 항상 건강하고 즐거운 기분을 유지하는 것은 가정 분위기를 위해서는 물론, 아이들의 교육을 위해 아주 중요하기 때문입니다. 그러므로 언제나 자녀들을 억압하지 않고 다정한 태도로 대해 주려고 노력합니다. 또한 자녀들과의 문제에 있어서는 부모로서의 입장을 분명히 하여 모호한 태도를 취하는 법이 없습니다.

가정에서 부모들이 늘 명확한 태도를 보이는 것은 아이들의 심리적 안정이나 건전한 성격 형성에 중요한 일입니다. 유대의 격언은 이를 경계하여 '자녀를 협박해서는 안 된다. 오로지 벌을 줄 것인가 용서할 것인가, 두 가지 중 하나를 선택하는 것이다.'라고 강조합니다. 그만큼 부모는 확실한 태도로 아이들의 문제를 생각하고 처신하여야 한다는 것입니다.

그러므로 아이가 잘못을 저질러 벌을 주려고 마음먹었으면, 도중에 그만둔다거나 어중간한 훈계로 대충 그쳐서는 안 됩니다. 반대로 비록 아이가 잘못했더라도 한번 용서하기로 마음먹었으면 모든 것을 잊고 깨끗하게 용서해 주어야 합니다. 당시에는 바빠서 그냥 넘어갔다가 나중에 다시 끄집어내어 혼내는 것은 옳지 않습니다.

지그문트 프로이트에게 일곱 명의 제자가 있었습니다. 프로이트는 제자들에게 주피터의 머리를 조각한 고대 로마의 복제품을 선물로 주었는데, 이는 모두 합심해서 정신 분석학을 정립해 나가자는 데 목적이 있었습니다. 그러나 그들 중 오토 랑크라는 제자가 프로이트 학파를 탈퇴하여 독립적인 정신 분석학파를 만들었습니다.

랑크는 청년 시절부터 프로이트에게서 정신 분석학에 관한 지식을 전수받은, 그야말로 친자식과도 같은 제자였습니다. 당연히 프로이트는 배신감에 치를 떨어야 했습니다. 하지만 그는 랑크의 배신에 대하여 "나는 그를 용서한다. 더 이상 아무런 감정이 없다."라고 담담하게 받아들였습니다.

이것은 제자와의 문제에 있어서 스승의 현명한 판단과 용서의 의미를 보여 주는 예입니다.

가정에서 부모와 자녀 사이에서도 마찬가지입니다. 자녀의 행동에 대해 부모가 분명한 입장을 표명하는 것은 모든 문제를 마무리하고 정리하는 의미를 가집니다. 필경 자녀는 벌과 용서에 대한 부모의 명확한 태도에 불필요한 부담감을 갖지 않을 것입니다. 만일 부모한테서 벌을 받는 것인지 용서를 받는 것인지 알 수 없다면, 아이는 굉장히 불안할 수밖에 없습니다. 도대체 부모님이 자기에게 어떻게 하려는 것인지 불분명할 경우, 아이는 곧 닥쳐올지도 모르는 결과에 대해 심리적 압박감을 갖게 되는 것입니다.

특히 아버지들보다는 어머니들에게 이런 경우가 많습니다. 아이를 분명하게 혼내는 것도 아니고 그렇다고 용서하여 잊어버린 것도 아닙니다. 늘 아이와 마주칠 때마다 잔소리를 하는 상태로 종내는 반발을 불러일으켜서 쓸데없는 갈등을 만들게 됩니다. 이는 어머니에게도 좋지 않을뿐더러 아이에게도 짜증만 줄 뿐입니다. 그러면 아이는 자기의 잘못을 반성하는 것은 고사하고 부모에 대한 불신만 갖게 되는 것입니다.

또한 자녀에게 위협조로 말을 하거나 '두고 보자'는 식의 벼르는 듯한 인상을 주어서는 안 됩니다. 만일 부모가 애지중지하는 도자기를 자녀가 깨뜨렸다고 해서 "너는 도대체 왜 이 모양이야! 무엇 하나 제대로 하는 게 없구나."라고 하거나 아이의 모든 면을 한꺼번에 싸잡아서 쏘아붙이는 것은 문제가 있습니다.

부모의 행동이나 말 한마디는 자녀들에게 커다란 의미를 갖습니다. 부모 입장에서는 홧김에 무심코 하는 말이지만 아이들에게는 오래도록 상처로 남을 수도 있습니다. 현명한 부모가 만들어 주는 건강한 가정 환경에서 올곧은 아이들이 자라난다는 것을 잊지 마십시오.

잘못은 그 자리에서 가르치라

아버지의 권위가 정도를 넘어서면 차라리 없는 것보다 못한 결과를 낳을 수도 있습니다. 만약 아버지가 너무 엄해서 자녀들이 아버지에 대한 두려움을 갖는다면, 마음에서 우러나오는 존경심을 기대하기란 어렵습니다. 그런 경우에 부모 자식 사이의 대화도 대개 아버지 혼자서 말하고 자녀들은 일방적으로 듣기만 하는 형태가 되기 쉬운데, 이렇게 되면 자녀 교육이 형식적인 것이 될 수밖에 없습니다. 아버지의 힘에 눌려 듣는 척만 하는 것이지 가슴에 담아 두지는 않기 때문입니다. 또 자녀들은 스스로 공부하려는 동기와 의지를 잃어 창조적이고 논리적인 능력을 계발하지 못합니다. 이러한 강압적인 교육이 반복되다 보면 자녀들은 거부 반응을 일으키게 되고, 어른으로 성장한 후에도 아버지가 있는 가정을 멀리하게 마련입니다.

유대인 아버지들의 자녀 교육은 아주 부드럽고 합리적으로 이루어집니다. 모든 문제에 대한 논리가 분명하고 설득력이 있어 자녀들이 진심으로 승복하게 됩니다. 유대인 가정은 어떻게 보면 가족간의 질서가 분명하지 않은 것 같지만, 실상은 마음에서 우러나오는 부모와 자녀 사이의 위계질서가 뚜렷한 것도 이런 까닭에서입니다.

우리는 종종 아버지들이 아내와 자녀들에게 폭력적인 언어를 사용하는 경우를 봅니다. 물론 그 아버지는 자신이 폭언을 하되 마음은 그렇지 않으므로 대수롭게 여기지 않을 수도 있습니다. 그러나 그 폭언을 듣는 가족들의 입장에서는 이를 가장의 진심으로 받아들여 마음의 상처를 입게 됩니다. 특히 어린 자녀일수록 아버지의 말을 그대로 믿어 충격을 받을 위험이 높습니다. 그런 경우에 자칫 자녀가 가출을 하거나 또 다른 심각한 문제로 이어져, 가정의 평화와 질서가 영영 회복될 수 없는 지경에 이를 수도 있습니다.

그러므로 가정에서 아버지가 자녀를 꾸짖을 때에는 특히 언어 선택에 주의하여야 합니다. 흔히 자녀에게 "꼴도 보기 싫다!"라느니 "그따위 짓을 하려면 차라리 없어져라!" 하고 말하는 경우가 있습니다. 물론 아버지로서는 홧김에 하는 말이겠지만 자녀를 꾸짖는 말로는 적합하지 못합니다. 말 그대로 가정교육은 부모와 자녀 사이에서 이루어지는 것입니다. 그러므로 자녀의 잘못된 행동에 대해 옳고 그름을 가리면 되는 것이지, 자녀의 존재를 무시하거나 다른 비유를 들어서 혼내는 것은 좋지 않은 방법입니다. 이를테면 이웃집 아이와 비교하는 것은 자녀에게 수치심을 주어 마음의 상처를 받게 하는 짓입니다. 자녀를 혼낼 때에는 오로지 그 아이의 행동만을 가지고 판단해야지 다른 것을 들추어 꾸짖는 것은 부모 스스로 자신의 한계를 드러내는 일인 것입니다.

유대인 아버지들은 자녀들을 꾸중할 때에 다른 이유는 물론, 자신들의 신神인 하느님을 인용하는 경우도 없습니다. 그것은 부모로서 꾸짖는 것이 아니라 주체가 누구인지 모를 애매한 형태가 되기 때문입니다.

미국에서 베스트셀러가 된 시리즈 추리 소설 '랍비 시리즈' 가운데 하나가 유대인 작가 해리 케메르맨의 작품인 『화요일 랍비는 격노했다』입니다. 그 작품에 다음과 같은 대목이 있습니다.

'유대인의 종교는 선善과 정의를 실현하는 것이다. 더욱이 우리가 얻으려는 것은 지극히 인간적인 덕德이지 초인적인 성인의 덕이 아니다.'

이것은 소설의 주인공인 데이비드 스모르란 랍비의 말로서, 선善과 정의는 인간이 스스로 실천하는 것은 물론 참된 인간으로 살기 위한 필수 조건이라는 뜻입니다. 이 말은 굳이 하느님을 개입시키지 않더라도 현실에 적용할 수 있도록 노력하는 것이 중요함을 강조하고 있습니다. 마찬가지로 자녀를 꾸짖음에 있어서도 아이의 행동에 대한 본질적인 문제에 충실해야 한다는 뜻입니다.

『탈무드』에 이런 이야기가 있습니다.

'노아의 방주에 선善도 타려고 했으나 그곳에는 짝이 있는 것만 탈 수 있었으므로, 자신의 짝을 찾다가 결국 악惡과 함께 탔다.'

이는 매사의 옳고 그름만을 따지라는 뜻입니다. 다른 이유를 개입시키는 것이 문제를 해결하는 데 도움을 주지는 않는다는 것이지요. 이렇듯 옳고 그름은 동전의 양면과 같습니다. 제아무리 어려운 문제도 잘 들여다보면 옳고 그름이 분명히 보입니다. 다만 아버지 자신의 순간적인 기분이나 감정은 개입시키지 말아야 합니다. 자녀들은 착한 일을 할 수도 있고 잘못을 저지를 수도 있습니다. 그러므로 아버지의 가르침이나 꾸중은 아이의 행동이 어느 쪽에 속하는가를 잘 판단한 뒤에 이루어져야 합니다. 분명한 기준과 공정한 태도로 문제가 된 자녀의 행동 자체만을 생각하도록 하십시오.

야단친 후에는 반드시 위로하라

『**탈**무드』에는 '조금 전에 자녀를 꾸짖었더라도 재울 때에는 따뜻하게 대하라.'라는 구절이 있습니다. 아이에게 아무리 심한 꾸중을 했더라도 잠자리에 들 때에는 정답게 대하여 나쁜 감정을 씻어 주라는 뜻입니다.

개인에 따라 차이는 있겠지만 인간은 대부분 일생의 3분의 1을 잠자는 일에 소비합니다. 100살까지 산다고 가정한다면 무려 30년 이상을 잠자는 것입니다. '잠'의 사전적 의미는 '눈을 감고 쉬는 의식 없는 상태'라고 합니다. 그러면 잠은 능동적인 삶의 범주를 벗어나는 것일까요? 그렇지 않습니다. 우리의 잠은 '꿈'이라는 부산물을 낳기 때문입니다. 프로이트는 '꿈은 무의식에서 생기는 것'이라고 하였습니다. 그런 의미에서 잠은 비록 수동적이기는 해도 우리의 또 다른 삶인

112

것입니다.

꿈은 보통 우리 기분에 따라 좋은 꿈과 나쁜 꿈으로 나뉩니다. 또한 무언가를 암시한다고 믿기 때문에 사람에 따라서는 꿈에 의외의 집착을 보이는 경우도 있습니다. 당신도 아마 나쁜 꿈을 꾸고 난 뒤의 찜찜함을 경험한 적이 있을 것입니다. 그러면 이제 『탈무드』의 가르침이 무엇인지 아시겠지요? 아이들의 감정은 마치 스펀지와도 같습니다. 아주 빠르게 무엇이든지 있는 그대로 받아들이는 특성이 있습니다. 비록 자신이 잘못해 부모에게서 꾸중을 들었더라도 자칫 나쁜 감정을 품을 수도 있습니다. 그런 상태에서 잠이 들면 그 감정은 다시 한 번 아이의 꿈에 나타나서 아이를 괴롭히게 됩니다. 그러나 잠자리에서 따뜻하고 다정한 손길로 쓰다듬어 주면, 스펀지에서 물이 빠지듯 모든 나쁜 감정이 씻기는 것입니다.

유대인 부모들은 아이들의 하루를 말끔히 정리해 주어, 다시 상쾌한 마음으로 또 다른 하루를 맞을 수 있도록 배려합니다. 그들은 무서움이나 혐오감 혹은 증오로 표현되는 부정적인 감정이 꿈속으로 스며들어 아이의 정서까지 지배하는 것을 원하지 않습니다. 그러한 감정은 일단 뇌리에 남으면 잠재의식이 되어 두고두고 괴로움을 주기 때문입니다.

프로이트의 꿈의 해석에 대한 연구는 우연한 기회에 시작되었습니다. 위대한 업적이란 늘 사소한 것에서 이루어지는 법이니까요. 그가 가족과 함께 산속의 집에서 살고 있었을 때입니다. 어느 날 밤에 그는 딸인 안나의 잠꼬대 소리를 들었습니다. 내용인즉 "딸기……. 안나는 딸기 많이……. 딸기 많이……." 하는 것이었습니다. 그날 아침에 식탁에 딸기가 있었고, 마침 배가 아팠던 안나는 하나도 먹지 못했다는 것이 생각났습니다. 평소 딸기를 좋아하던 안나에게는 참기 어려운 일이었을 테지요. 그런 까닭에 딸기가 먹고 싶은데 그럴 수 없다는 슬픔이 가슴에 맺혔던 것입니다. 프로이트는 안나의 슬픔이 꿈에서 되풀이되었다는 사실을 알게 되었습니다. 그날 이후부터 프로이트는 1,000여 가지에 이르는 갖가지 꿈을 수집하였다고 합니다. 그리하여 사람의 꿈은 무의식에서 생긴다는 심리학적 발견을 하게 된 것입니다.

군이 프로이트의 이론이 아니더라도 일상의 경험이나 기억이 꿈의 소재가 된다는 사실은 분명해 보입니다. 그렇다고 우리가 살아가면서 하루하루를 완벽하게 매듭지을 수는 없습니다. 아직 정신적으로나 육체적으로 미숙한 아이들의 경우는 더욱 그렇습니다. 그러므로 부모들이 가능하면 아이들의 꿈속에 좋지 않은 감정이 나타나지 않도록 노력할 필요가 있다는 것입니다.

아이들의 잠자리를 편안하게 해 주는 것으로는 부모의 따뜻한 속삭임이 가장 좋습니다. 부모의 작은 관심이 아이에게는 더없이 안정된 기분을 느끼게 합니다. 이러면 아이는 부모의 꾸중이나 낮 동안의 긴장에서 말끔히 벗어나 달콤한 밤을 보낼 수 있습니다. 다음날 아침이면 예의 해맑은 얼굴로 부모 앞에 나타날 것입니다. 또 그 아이는 어른이 되어서도 지난 일에 대한 걱정 때문에 머뭇거리지 않고, 언제나 내일을 지향하는 진취적인 삶을 살 것이 틀림없습니다. 아이에게 편안한 수면을 취하도록 배려하는 것은 그 아이의 삶 가운데 3분의 1을 행복하게 만들어 주는 일입니다. 사소한 것 같지만 이것은 아이의 정서 발달을 위해서 아주 중요한 일이라는 사실을 기억하세요. 아마도 당신의 아이는 어릴 적에 잠자리를 다독거려 주던 부모의 특별한 선물을 오래도록 간직할 것입니다.

아이에게 불신감을 드러내지 말라

사람을 완전히 믿는다는 것은 대단히 어려운 일입니다. 어쩌면 그것은 우리 모두의 희망 사항에 불과할 수도 있습니다. 신뢰라는 이름의 관계는 서로가 일생에 걸쳐 가꾸고 노력해야만 형성되는 것이기 때문입니다.

'서로를 믿어야 한다'는 것은 인간관계에 있어서 흔들리지 않는 하나의 원칙입니다. 그러나 '서로 믿기를 원한다'는 뜻이지 '서로 믿고 있다'는 뜻은 아닙니다. '믿는다'는 것은 단숨에 이루어질 수 있는 성질의 것이 아니기 때문입니다. 부모와 자식이 서로를 믿는다면 마음의 문을 활짝 열고 솔직하게 이야기할 수 있으며, 그만큼 서로를 잘 이해하게 됩니다. 하지만 신뢰는 당장에 생기는 것이 아니고, 한쪽에서 믿는다고 해서 다른 한쪽도 신뢰를 갖게 되리라고 단정할 수도 없습니다.

신뢰를 얻기 어려운 이유는 일방통행이 되지 않다는 데 있습니다. 믿음이라는 것은 마음의 문이 열리면서 시작되는데, 그 열린 마음이 상처를 받았을 땐 걷잡을 수 없는 혼돈이 뒤따르게 됩니다. 따라서 상대의 열린 마음을 받아들이기 위해서는 아픔을 치유해 줄 수 있는 능력도 있어야 합니다. 부모 자식 사이라고 하더라도 상대의 마음을 정확히 알 수는 없습니다. 서로 믿는 가운데 가족간의 유대감을 구축하려면 상당한 인내와 노력이 선행되어야 할 것입니다. 수시로 거짓말을 하는 자녀를 나무라기 전에 부모로서 그 아이를 진실로 믿고 있는지 스스로에게 물어보라는 것입니다.

신뢰하기 어려운 것은 마음의 문을 열기 어렵기 때문입니다. 자신의 마음을 개방하지 못하면 상대방도 마음의 문을 열려고 하지 않을 것입니다. 자식이 부모에게 마음의 문을 열지 않으면 열등감과 소외감·고독감을 느끼게 되고, 자신에 대해 부정적인 생각을 갖게 됩니다. 그런 생각들은 아이를 우울하게 만들기 때문에 대화에 임하는 태도 또한 자연스럽지 못하게 되는 것이지요.

참다운 신뢰란 무조건적인 믿음입니다. 부모 자식 사이의 신뢰도 자녀가 어떤 아이기 때문에 믿는 것이 아니라 그저 '내 아들이니까', '내 딸이니까' 믿는 것입니다. 흔히 부모들이 쉽게 범하고 있는 잘못 중의 하나는 자녀가 어릴 때에는 여러 가지 도움이 필요하지만, 성년이 된 후에는 경제적인 도움만 주면 된다는 사고방식입니다. 즉, 자녀는 도움을 받는 대상이지 신뢰를 받을 존재는 아니라는 뜻입니다.

부모는 자녀를 위해 수고를 아끼지 않습니다. 그러나 유감스럽게도 신뢰하는 데는 전혀 신경을 쓰지 않습니다. 신뢰한다 해도 그 범위가 매우 제한되어 있습니다.

"할머니, 할아버지한테 엄마, 아빠가 싸웠다고 말해선 안 돼. 만약 말했다간 매 맞을 줄 알아!"

부부 싸움을 해 놓고도 이런 식으로 아이들에게 위협을 하기 일쑤입니다. 자녀는 엄마, 아빠가 이야기하는 것을 어쩌다 옆에서 들은 것만으로도 까닭 없이 의심을 받습니다. 그래서는 아이들도 부모를 믿지 못하게 되는 것이지요.

아이들이 어릴 때에는 "엄마, 사랑해요.", "아빠, 사랑해요."라는 말을 곧잘 합니다. 그러나 그들이 자라면서 부모는 그런 말을 점점 들을 수 없으며, 또 기대하지도 않습니다. 부모도 마찬가지입니다. 어린 자녀에게는 비교적 풍부하게 스킨십을 발휘하지만 한 해, 두 해가 흐르면서 빠른 속도로 사랑의 표현이 줄어듭니다. 아이들이 10대가 되면 어깨를 두드려 주는 일도 하지 않는 부모들도 있습니다. 게다가 다 자란 아이들이 사랑을 표현해 오면 부모는 오히려 어색해 합니다.

사랑은 마음의 문이 열려야 가능하고, 그 열린 마음으로부터 신뢰가 자랍니다. 자녀의 성장과 함께 자녀에 대한 신뢰도 성장하는 것이 마땅한데도 오히려 그것은 경직되어 버립니다. 가령 자녀가 친구들끼리 배낭여행을 간다거나 이성 친구 집에 초대되어 갔을 때, 하루 종일 자녀에게 전화를 하여 위치를 확인하려는 부모들이 있습니다. 이런 태도는 결코 자녀의 호감을 얻기 어렵습니다. 이럴 땐 그저 "난 널 믿는다. 말썽 안 피우고 잘 돌아올 거지?" 하는 한마디면 족합니다. 그리고 자녀와 약속한 시간이 지났는데도 오지 않는다면, 한 번쯤 전화를 걸어 상황을 확인해 두는 정도로 끝내는 게 좋습니다. 명심하십시오. 부모가 자녀를 믿어 주지 않으면 자녀도 결코 부모를 믿고 의지하려 하지 않습니다.

5장

창의적 인성을 기르는
기초 가정교육법

침대 맡 이야기로 아이의 감성 지수를 높이라 | 칭찬보다 큰 가르침은 없다
아이의 입장에서 모든 것을 판단하라 | 친절의 미덕을 가르치라
공공장소에서의 예절은 엄격히 가르치라 | 예절 교육은 식탁에서부터
매스컴의 폭력으로부터 아이 보호하기

침대 맡 이야기로
아이의 감성 지수를 높이라

어린 시절에 할머니 무릎에 누워 듣던 옛날이야기가 아직도 귓전에 맴돕니다. '옛날 옛적에 어떤 나그네가 산길을 가고 있었는데…….'로 시작하는 구수한 입담에 숨을 죽이는가 하면, 깜짝 놀라 울음을 터뜨리기도 했습니다. 흔히 말하는 신세대 부모라면 할머니의 옛날이야기 대신 어머니가 읽어 주는 동화를 듣고 자랐을지도 모릅니다. 다만 한 가지, 두 경우 모두 어른이 되고 자신이 부모가 되어서도 잊히지 않는 기억으로 남았을 것은 분명합니다. 옛날이야기나 동화는 모든 아이들을 꿈꾸게 하는 상상의 날개였으니까요.

요즘 부모들의 관심을 모으고 있는 'EQ(감성 지수)'라는 말조차도 없던 시절, 바로 할머니의 옛날이야기나 어머니의 동화가 우리가 받은 감성 교육의 시작이 아니었나 싶습니다. 그때의 놀라움이나 신기

함, 또 그날 밤에 꾸었던 꿈조차 여전히 가슴속에 남아 있는 것을 보면 아마도 그때 감정의 문이 처음 열리지 않았나 생각됩니다.

유대인 부모들은 자녀들이 잠드는 시간을 아주 중요하게 여깁니다. 그 과정이 부모와 자녀가 함께하는 시간 중에서 가장 소중하고 의미 있는 부분이라고 생각하는 것입니다. 그들은 잠잘 시간이 되어 아이를 침대에 누이고 아이가 잠들 때까지의 짧은 시간을 허비하는 법이 없습니다. 아마 아이의 입장에서 보더라도 이 순간이 하루 중 제일 행복한 시간일 것입니다.

유대인 부모들은 아이의 침대 맡에서 낮 동안의 엄격함을 버리고 따뜻하고 자상한 아빠, 엄마로 돌아갑니다. 저녁 식사 시간에 혹은 잠자리에 들기 바로 전에 야단을 쳤더라도 가능한 한 정답게 대합니다. 아이가 덮고 있는 이불을 여며 주면서 "내일이면 무엇이든지 다 잘될 테니 걱정하지 않아도 된다." 하고 토닥여 줍니다. 아이가 잠잘 때에 어떤 근심거리에 대해서 생각하거나 불안감을 느끼지 않도록 하기 위해서입니다. 이것은 아이의 마음에 상처를 주지 않으려는 것은 물론, 하루를 편안하게 마무리해 줌으로써 내일도 편안한 하루를 맞이할 수 있도록 기원하는 일종의 관습이기도 합니다.

이때 아이가 깊이 잠들 때까지 아주 잠깐이라도 책을 읽어 줍니다. 이것은 대다수 유대인 부모들이 선호하는 일종의 EQ 또는 지적 교육의 하나라고 하겠습니다. 이때 주로 읽어 주는 책은 『구약 성서』인데, 이는 유대인의 오랜 전통에 따른 것입니다. 물론 성서의 대부분은 아이가 이해하기에 어려운 내용입니다. 그러므로 아이에게 익숙한 동화 형식으로 이야기를 풀어서 들려줍니다. 흔히 아이들이 좋아하는 영웅들에 관한 이야기가 애용됩니다. 바로 모세의 「출애굽기」나 「소년 다윗과 거인 골리앗」 등이 그것입니다. 그러면 아이는 수천 년의 먼 시간을 단숨에 거슬러 올라가서, 마치 자신이 주인공인 양 상상의 세계를 모험하는 것입니다.

다음은 유대인으로서 러시아 혁명사에 관한 연구로 유명한 아이작 도이처의 경험담입니다. 그가 다녔던 유치원에는 붉은 수염이 달린 선생님이 한 분 계셨다고 합니다. 그 붉은 수염 선생님은 유독 「출애굽기」에 대한 이야기를 즐겨서, 그가 유치원에 다니는 동안 똑같은 줄거리의 이야기를 몇 번씩이나 듣게 되었습니다. 그런데 여러 번 들은 이야기인데도 나중에 그 이야기에 대한 기억이 모두 달랐다는 것입니다. 이유인즉 그 선생님은 원래 이야기에 자기 나름대로 여러 가지 표현을 덧붙였는데, 워낙 상상력과 표현력이 뛰어나서 아이들은 넋을 잃고 들었다고 합니다. 그때의 감동을 아이작 도이처는 '마치 홍해의 바다 향기와 대기가 어우러져 산들바람을 일으키는 것 같았다'고 표현하고 있습니다.

이처럼 유대인의 가정이나 유치원, 학교 등에서 이루어진 성서 속 영웅들에 대한 이야기는 상상력이 뛰어난 시인이나 작가를 낳는 직접적인 동기가 되기도 하였습니다. 『영웅 나폴레옹의 찬가』라는 걸작을 써 낸 하이네는 물론 성서의 단 몇 줄에서 장편 소설의 테마를 얻었다는 토마스 만, 프란츠 카프카의 상상력도 그것에 다름 아닙니다.

'침대 맡의 이야기'는 유대인들만의 전유물이 아닙니다. 아마 당신의 가정에서도 이루어지고 있을 것입니다. 다만 이에 대한 의미를 부여하거나 적절한 방법을 찾는 노력이 이루어진다면, 유대인의 그것에 못지않은 유익한 결과를 얻을 수 있다고 믿습니다. 아직 유아기인 자녀에게는 규칙적인 잠자기 습관을 길러 줄 것이며, 언제까지고 텔레비전 앞을 떠나지 않는 아이의 습관도 자연스럽게 고쳐 줄 것입니다. 아무래도 아이들은 텔레비전보다 부모가 들려주는 흥미진진한 이야기에 끌리게 마련입니다. 부모의 무관심이 주는 무료함을 텔레비전이나 컴퓨터로 대신하려는 것뿐이지요.

또한 책을 매개로 매일 밤 부모와 자식 사이에 이루어지는 감성적·정신적 교감이야말로 가장 커다란 성과라고 할 수 있습니다. 기억하십시오. 그것은 자녀의 성장을 도모하는 동시에 부모 자식 사이의 사랑을 쌓아 가는 일입니다. '침대 맡 이야기'를 통한 자연스러운 교류야말로 서로의 신뢰와 애정을 돈독히 하는 가장 좋은 기회가 될 것입니다.

칭찬보다 큰 가르침은 없다

아이들은 때때로 거짓말을 하거나 다소 심한 장난을 치기도 합니다. 분명 잘못된 행동이지만 그렇다고 어른들의 시각으로만 보아서는 안 됩니다. 아이들은 어디까지나 아직 미숙한 존재니까요. 하지만 스스로 알 때까지 그냥 내버려두어야 한다는 얘기는 아닙니다. '세 살 버릇이 여든까지 간다'는 속담처럼 영 고치지 못하게 될 수도 있기 때문입니다.

자녀의 잘못된 행동을 고치기 위해서 벌을 주는 것만이 능사는 아닙니다. 그보다 더 적극적인 방법을 택해야 한다는 것이지요. 그것은 바로 옳은 행동에 대한 보상을 해 주는 방법입니다. 체벌은 아이들 자신이나 타인의 안전에 위험을 초래하는 심각한 경우에만 사용되어야 합니다. 때로는 가정에서 부모가 주는 벌이 자녀의 성장을 돕는 역할을 하기도 합니다. 『구약 성서』에 '마땅히 행할 길을 아이에게 가르쳐라. 그리하면 늙어도 그것을 떠나지 아니하리라'는 가르침이 있습니다. 이는 자녀들에게 그들이 마땅히 가야 할 길로 가게 하기 위해서만 벌을 준다는 뜻입니다.

그러므로 모든 체벌은 반드시 애정 표현을 수반해야만 합니다. 단지 자녀를 혼내기 위한 벌에 그친다면 부모의 권위만 내세운 것에 불과하기 때문입니다. 그럴 경우에 자녀의 개성을 자유롭게 키워 주지 못하고 오히려 위축시키는 결과를 낳게 될 것입니다. 그렇다면 차라리 벌을 주지 않는 편이 나을 수도 있습니다.

유대의 격언에 '오른손으로 벌을 주었으면 왼손으로 안아 주어라'는 말이 있습니다. 곧 체벌과 애정이 함께 이루어져야 한다는 말입니다. 유대인들은 끌어안는 행위를 최고의 사랑 표현으로 여깁니다. 그러므로 비록 아이를 혼내더라도 사랑의 바탕 위에서 하라는 것입니다.

이스라엘은 집단 농장인 '키부츠'라는 생활 제도가 있습니다. 그곳에는 독특한 육아법이 있는데, 즉 부모 대신 '메타페레트'라고 불리는 육아 전문 여성들이 아이들을 맡아서 돌보는 제도입니다. 오늘날의 탁아소와 같다고 할 수 있으며, 아이들은 자기 집이 아닌 '어린이 집'에서 생활하게 됩니다. 다만 오후 네 시부터 다음날 아침까지는 부모와 함께 집에서 지낼 수가 있습니다.

대부분의 아이들은 매일 시간에 맞춰 집으로 돌아가지만, 아직 걷지 못하는 아이는 부모가 데리러 갑니다. 그때 아이를 데리러 온 부모가 제일 먼저 하는 것은 아이를 꼭 껴안는 일입니다. 지그문트 프로이트의 전기에도 그의 어머니는 그를 껴안는 것이 습관이었다고 기록되어 있습니다. 이렇듯 오른손으로 때리고 왼손으로 껴안는 것은 유대인 부모들이 아이를 기르는 기본적인 태도를 상징합니다.

유대인 가정에서는 벌과 칭찬에 대한 구분이 명확합니다. 자녀에게 벌과 반대되는 의미에서의 보상도 잊지 않는 것입니다. 아이가 잘한 일은 꼭 칭찬해야만 체벌의 효과가 극대화되기 때문이지요. 사실 모든 사람들은 일정한 보상 체계에 따라 움직인다 해도 과언이 아닙니다. 다른 사람들의 칭찬이나 자기 분야에서의 성취감, 혹은 사회적 지위에 대한 만족감이 그것입니다. 또 일을 하는 대가로 많은 보수를 원하기도 합니다.

아이들의 경우도 예외는 아닙니다. 그러므로 자녀들의 행동에 대한 칭찬이나 격려를 아끼지 마십시오. 부모가 지속적으로 관심을 표현하는 것만으로도 썩 괜찮은 보상이 될 수 있기 때문입니다.

그럼 자녀에 대한 보상을 어떻게 하는 것이 좋을까요?

첫째, 명확하고 구체적이어야 합니다. 아이가 좋아하는 과자를 사 준다거나 함께 놀이공원에 가서 신나게 놀아 주면 더없이 좋습니다. 시간을 낼 수 없는 처지라면 저녁 시간에 텔레비전을 같이 보는 것도 하나의 방법입니다. 그렇다고 꼭 이런 식으로 해야만 하는 것은 아닙니다. 아이에게 자신이 한 행동에 대한 의미를 일깨워 주는 것도 좋은 보상이 될 수 있습니다. 남에게 친절을 베풀거나 불쌍한 사람을 도와주는 것은 자기도 모르게 기쁨을 느끼는 일이기 때문입니다.

둘째, 항상 일관되고 진실한 태도를 보여야 합니다. 그래서 아이로 하여금 어떻게 행동했을 때에 칭찬을 받는지 알도록 해 줍니다. 훈계나 매질 등으로 아이들의 행동을 고치려고 하면 곧 한계에 부딪히게 됩니다. 특히 매질의 경우, 부모의 감정이 실린 일방적인 화풀이로 그칠 경우가 많으므로 가능한 한 자제하는 것이 좋습니다. 다만 환풍기에 손을 집어넣거나 자동차가 지나가는 차도를 뛰어다니는 등 아이에게 위험을 초래할 수 있는 행동을 할 때에는 즉각적으로 야단을 쳐야 합니다. "아빠한테 일러서 혼나게 하겠다."라고 말하고는 한참 지난 후에 매질을 해서는 안 됩니다. 도저히 피할 수 없는 매질이라면 아이에게 왜 맞는지를 이해시키는 것이 가장 현명한 방법입니다. 그러나 어쨌든 매질은 최후의 방법인 것입니다.

무엇보다도 착한 일을 하면 칭찬이나 보상을 받을 수 있다는 것을 알도록 해야 합니다. 그러면 아이는 못된 행동보다는 착한 행동이 더 행복한 것이라는 생각을 갖게 될 테니까요.

아이의 입장에서 모든 것을 판단하라

옛속담에 '그 사람을 좀 더 잘 알고 싶으면 그 친구를 살펴보라'는 말이 있습니다. 친구는 낯선 길에서 만나는 이정표와도 같습니다. 삶이라는 여행이 순탄하도록 도와주기도 하고, 때로는 엉뚱한 길로 안내하기도 합니다. 특히 이제 막 삶의 여행을 시작한 아이들에게는 더욱 그렇습니다. 부모 다음으로 각별한 존재가 바로 친구이기 때문입니다.

평소 모난 행동을 하지 않던 아이가 갑자기 비뚤어지는 경우가 있습니다. 물론 꼭 그런 것은 아니지만, 이런 경우에 친구를 잘못 사귀어서 그럴 가능성이 높습니다. 사실 부모들이 자녀의 친구 관계를 모두 알 수는 없습니다. 마찬가지로 자녀의 갑작스런 변화가 친구 탓이라는 걸 모르는 것도 당연합니다. 이런 까닭에 부모들은 무조건 아이를 나무라거나 심지어 매를 들기도 합니다. 그러나 만약 평소 자녀가 어떤 친구들을 사귀고 있는지에 대해 관심이 있었다면 다른 방법을 찾았겠지요.

물론 부모의 엄숙한 훈계나 꾸지람만으로 아이의 행동이 고쳐질지도 모릅니다. 그러나 자칫 아이의 반발심을 자극하면 한층 더 비뚤어질 수도 있습니다. 부모 앞에서는 더없이 얌전하던 아이가 밖에만 나가면 전혀 딴판으로 행동하는 것입니다. 이런 상태에서 친구가 부정적인 쪽으로 부추기기라도 한다면 아이의 행동은 더욱 나빠집니다.

부모와의 사소한 갈등도 견디지 못하고 빗나가는 것입니다. 결국 아이의 친구 문제를 해결하지 않고는 바로잡을 수가 없습니다. 아니, 그때는 이미 늦을지도 모릅니다.

『탈무드』에 '자기보다 한 단계 높은 수준의 친구를 선택하라'는 가르침이 있습니다. 곧 자기 발전에 도움이 되는 친구를 사귀라는 뜻입니다. 바람직한 친구란 자신의 삶을 긍정적으로 이끌어 주는 사람이니까요. 유대인들은 친구와의 교제를 중요하게 여깁니다. 그렇다고 상대가 어떤 사람이든지 개의치 않는다는 뜻은 아닙니다. 물론 가능한 한 많은 사람들과 사귀는 것은 바람직한 일이지만, 누구든 가리지 않고 교제한다고 해서 그들 모두가 참된 친구라고 할 수는 없겠지요. 오히려 자신에게 혹은 서로에게 해로운 관계도 있습니다. 그러므로 친구를 사귀는 일에는 무엇보다도 신중해야 한다는 것입니다.

유대인 부모들은 자녀에게 친구를 집으로 초대하도록 적극 권유합니다. 그런 뒤에 자녀의 친구가 어떤 아이인지 신중하게 판단하는 것입니다. 만약 그 친구의 됨됨이가 바람직하지 않으면 자녀에게 "우리는 그 친구와의 교제를 반대한다."라고 분명히 말해 줍니다. 그대로 두는 것은 자녀가 한 단계 후퇴하도록 방치하는 일과 다름없다고 생각하기 때문입니다. 물론 친구에 대한 판단을 하는 데는 여러 가지 면이 고려됩니다. 공부를 잘하는 아이라고 해서, 또는 부잣집 아이라고 해서 무조건 찬성하지는 않습니다.

그들은 무엇보다도 자신이 남과 다르다는 것을 소중하게 생각합니다. 비록 누구나 다 할 줄 아는 것을 못한다 하더라도 남에게는 없는 자신만의 능력을 발휘한다면, 그 사람은 가치를 인정받게 됩니다. 그러므로 유대인 부모들에게 공부를 잘하느냐 못하느냐와 같은 지극히 단편적이고 일방적인 기준은 그리 중요하지가 않습니다. 비록 공부는 잘하지 못하더라도 자녀의 개성과 가능성을 이끌어 줄 수 있는 아이라면 친구로서 더없이 훌륭한 상대인 것입니다. 다만 자녀의 친구를 판단함에 있어서 주의해야 할 점이 있습니다. 그것은 부모 자신의 좋고 싫은 감정이 개입되어서는 안 된다는 것입니다. 자녀가 그 친구의 영향으로 개성이나 자질이 향상될 수 있다면, 설령 부모가 좋아하지 않는 성향의 아이라 해도 그 아이와 사귀는 것을 반대하는 것은 옳지 않습니다.

자녀의 친구는 어디까지나 자녀의 입장에서 판단하고 선택해야 합니다. 자녀가 집에 데려온 친구를 '목소리가 커서 너무 시끄럽다'거나 '물건을 흩뜨려 놓아서 귀찮다'는 사소한 이유로 반대하면 안 됩니다. 그러면 자녀는 그 아이보다 나은 친구를 사귀기는커녕 남을 판단하는 기준조차 잃어버릴지도 모릅니다. 이렇듯 부모는 자녀에게 올바른 친구의 의미를 가르쳐 주어야 합니다. 그래야만 자녀가 성장한 후에도 나름대로 기준을 가지고 참된 친구를 사귈 수 있을 것입니다.

유명한 시인인 하인리히 하이네는 역시 유대인으로서 철학자인 카를 마르크스와 친구로 사귀면서, 그의 영향을 받아 산문시의 걸작이라 할 수 있는「독일의 겨울 이야기」를 썼다고 합니다. 그런데 하이네는 마르크스보다 스물한 살이나 연상이었습니다. 통념상 나이가 많은 사람이 적은 사람에게 영향을 주는 것이 자연스러울 것입니다. 그러므로 이들의 경우에 비추어 보면 친구란 나이 차이도 극복할 수 있다는 것을 알 수 있습니다.

『탈무드』에 '애매한 친구보다는 차라리 분명한 원수가 낫다'는 가르침이 있습니다. 이는 기왕 친구로 사귀려면 서로의 마음을 숨김 없이 터놓을 수 있는 '참된 친구'를 선택해야 한다는 뜻입니다.

친절의 미덕을 가르치라

친절은 사람을 행복하게 만듭니다. 그것의 크고 작음에 관계 없이 친절은 가뭄 끝에 내리는 단비처럼 달콤합니다. 또한 친절은 사람과 사람 사이의 끈끈한 정을 회복하는 유일한 방법이기도 합니다. 유대인들은 남에 대한 친절을 당연한 것으로 여깁니다. 그들은 친절을 베푼 것이 새삼스러울 것도 자랑스러울 것도 없다고 생각합니다. 그러므로 부모는 자녀가 누군가에게 친절을 베풀었다고 칭찬하지는 않습니다. 마찬가지로 아이들도 주위의 칭찬을 의식하여 친절을 베풀지는 않습니다. 그들은 어릴 적부터 '친절이란 자신의 정신적인 성장을 도와주는 일'이라는 가르침을 받아 왔기 때문에 오히려 즐거운 행위로 인식하고 있고, 부모를 비롯한 주위의 어른들도 이를 강요하지도 칭찬하지도 않는 것이지요. 또한『구약 성서』에 나오는 '소돔과 고모라' 이야기의 교훈을 통하여 늘 자신을 경계합니다. 남에게 친절하기를 거부한 인간들의 말로를 평생 잊지 않고 기억하는 것입니다.

　'소돔과 고모라'는 사해의 남쪽에 위치한 도시였습니다. 어느 때한 외지인 가족이 이곳으로 흘러들었고, 어찌하여 도시의 재물이 보관된 창고를 지키는 파수꾼 일을 맡게 되었지요. 그러던 어느 날 창고에 도둑이 들어서 금 50냥을 훔쳐 가고 말았습니다. 그 외지인은 자신의 책임을 다하지 못한 탓에 잃어버린 금을 모두 변상해야만 할 처지가 되었지요. 하지만 그에게는 그만한 돈이 없었기 때문에 결국 그는 두 딸과 함께 노예로 팔려 가고 말았습니다. 그런데 사실 금을 훔쳐 간 것은 소돔의 시민들이었습니다. 그들은 예전부터 타지에서 온 사람들을 함정에 빠뜨려 괴롭히는 것을 즐기는 못된 습성을 갖고 있었던 것입니다. 하지만 그런 사실을 알 리 없는 외지인과 두 딸은 각각 다른 곳으로 팔려 가고 말았지요. 그런데 어느 곳으로 팔려 간 외지인의 딸이 우연히 옛 친구를 만나 배고픔을 호소하게 되었습니다. 그래서 그 친구가 먹을 것을 가져다 주었는데 그만 사람들에게 들키고 말았던 것입니다. 소돔의 시민들은 친절을 베푼 외지인 딸의 친구를 잡아다가 사형에 처해 버렸습니다. 그것도 더없이 잔인한 방법으로 말입니다. 그들은 처녀의 옷을 모두 벗기고 온몸에 꿀을 바른 다음에 벌집 아래에 매달아, 벌들에게 쏘여서 죽도록 했던 것입니다. 이처럼 작은 친절조차 용납할 줄 모르던 소돔과 고모라는 결국 하느님의 노여움을 사서 멸망하고 말았습니다. 유대인들은 이 이야기를 통해서 '친절은 인간이 가진 최고의 지혜며, 그것을 부정하면 가장 무서운 벌을 받는다'는 귀중한 교훈을 얻고 있는 것입니다. 만약 내가 누군가로부터 친절을 받았다면, 자신도 또 다른 사람에게 친절을 베푸는 것은 지극히 당연하면서도 아름다운 행위입니다. 하나의 친절이 베풀어지고 그것이 반복되어 주위에 퍼지면, 결국 사회 전체가 친절함으로 가득차게 됩니다. 또한 그러한 마음은 모두의 가슴속에 영원히 남아 따뜻한 인간애로 기억될 것입니다.

유대인 음악가인 레너드 번스타인은 자신에게 피아노를 가르쳐준 헬렌 코츠라는 여성의 친절을 어른이 되어서도 잊지 않았습니다. 그들은 오랫동안 같은 아파트에 살면서 서로 도움을 주고받으며 우정을 나누었다고 합니다.

친절에 대한 유대의 격언 가운데 '손님이 기침을 하면 스푼을 주라'는 말이 있습니다. 이 말은 식사 때에 스푼이 없을 경우, 손님이 "스푼을 주십시오."라는 말 대신 잔기침으로 자신의 뜻을 전해도 손님의 의도를 알아차리고 얼른 스푼을 주라는 뜻입니다. 곧 평소에 남에게 배려하는 마음을 길러야만 언제 어디서든 자연스럽게 실천할 수 있다는 의미입니다.

이처럼 친절이란 남의 어려운 처지를 돕는 행위일 뿐만 아니라 일상의 사소한 일에서부터 상대를 배려하는 마음가짐을 뜻하는 것입니다. 당신의 자녀에게 친절을 가르치십시오. 아이는 그렇게 함으로써 다른 사람의 어려움을 이해하고 남의 친절을 경험하기도 하면서 살아가는 지혜를 배우게 될 것입니다.

공공장소에서의 예절은
엄격히 가르치라

부모라면 누구나 한 번쯤 아이 때문에 외식을 망친 경험이 있을 것입니다. 식당에 가 보면 아이들을 동반한 가족이 있을 경우, 단박에 시끌시끌해지는 것은 그다지 새삼스러울 것도 없습니다. 뛰어다니고 큰소리로 울기도 하고 아예 식탁 위에 올라가서 노는 아이들도 있습니다. 더러는 부모들이 나무라고, 어떤 부모는 주의를 주면 도리어 '내 자식이니 참견 말라'며 화를 내기도 합니다.

유대인 부모들은 자녀가 너무 어릴 때에는 외식에 데려가지 않습니다. 아직 외식의 즐거움을 이해하지 못하는 나이라는 것이 그 이유입니다. 그리고 앞에서 말한 것처럼 아이가 소란을 피워서 다른 손님들에게 피해를 줄 것이 뻔하고, 또 음식을 흘리거나 그릇을 깨뜨리기라도 하면 주인 또한 환영하지 않을 것입니다. 하지만 그들은 단지 남에게 피해를 주는 것이 미안하여 아이를 동반하지 않는 것은 아닙니다.

　대개 외식을 할 때에는 어떤 일에 대한 축하의 의미가 있습니다. 아니면 가정에서 만들기 어려운 음식을 먹기 위해, 혹은 단순히 기분 전환을 위해 가는 것일 수도 있습니다. 다만 어떤 경우든 간에 어른들에게는 나름대로 의미가 있지만, 어린 자녀는 그러한 부모의 기분을 알 리가 없습니다. 평소 먹던 음식과 다른 음식, 다른 분위기에 흥분을 하는 것일 뿐 왜 그곳에 있는지도 모를 테니까요. 결국 외식의 의미를 알 만한 나이가 되기 전까지는 즐거움보다 말썽이 많을 수밖에 없습니다. 오히려 부모의 즐거움을 방해할 가능성이 높습니다.

　유대인 부모들은 어른들에게는 즐거운 일이라도 자녀에게 도움이 되지 않으면 절대로 하지 않습니다. 그런 까닭에 아이가 안쓰럽게 생각되기는 하지만 부모들만의 외식을 즐기는 것입니다.

　『탈무드』에 '오늘이 너의 최후의 날임을 생각하라'는 말이 있습니다. 이는 매순간을 소중하게 여기고 최선을 다하라는 뜻으로, 유대인들의 공통적인 생활 방식이기도 합니다. 외식 또한 그들의 삶에 있어서는 귀중한 순간이므로 마음먹은 대로 충분히 즐기려는 것입니다. 비록 부모와 자녀 사이일지라도 각자의 인생이 있으니만큼, 불합리한 희생보다는 냉철하게 상황을 판단하는 것이 현명한 태도임을 명심하십시오.

예절 교육은 식탁에서부터

모든 나라는 각각의 고유한 문화를 가지고 있습니다. 특히 음식 문화에는 그 나라와 민족의 독특한 개성이 가장 잘 드러나 있습니다. 이 글에서 유대인의 음식 문화를 다루는 이유도 그들의 독특하고 철저한 식탁 예절을 통해 중요한 것을 배울 수 있기 때문입니다. 곧 음식을 정성스럽게 만드는 자세에서부터 음식에 대한 감사의 마음, 그리고 즐거운 분위기 속에서 이루어지는 식사 예절은 다른 나라와 비슷하지만 여기에 중요한 교훈이 숨어 있습니다.

유대인들은 언제나 식사 전에 하느님께 감사 기도를 드립니다. 그들에게 식사는 엄숙한 행위로서 철저한 식탁 예절 교육이 이루어집니다. 자녀들에게는 하느님 덕분에 매일 식사를 할 수 있다고 가르칩니다. 식탁에 빵을 놓고 다 같이 기도를 함으로써 자녀들이 음식에 대한 감사의 마음을 잊지 않도록 하는 것입니다.

그들은 안식일이나 절기에는 풍성한 식탁을 차립니다. 그것은 하느님의 율법을 지키는 일로써 그 비용도 하느님이 채워 준다고 믿습니다. 특히 안식일인 금요일 저녁 식사에는 많은 시간을 들여서 특별한 고기 요리를 준비합니다. 그리고 절대 서두르는 법 없이 오랜 시간 동안 식사를 합니다. 또한 식사를 마치고 나면 대화를 나누면서 큰 소리로 웃고 떠들기도 하고 노래와 춤도 즐깁니다.

그들은 어떠한 고난 속에서도 다른 사람을 대할 때에는 항상 웃는 모습으로 대하는 것이 종교적인 관습처럼 되어 있습니다. 반대로 웃을 수 없는 절기도 있습니다. 바로 성전이 파괴된 것을 슬퍼하는 '티샤 바브'라는 절기가 그렇습니다. 그때는 다른 사람을 만나도 서로 눈을 마주치면 안 됩니다. 하느님에 대한 슬픈 생각이 흩어지는 것을 막기 위해서라고 합니다.

모든 축제도 풍성한 식탁에서 시작됩니다. 새해(양력 9월~10월 사이) 첫 식사는 거의 다섯 시간이나 계속되며, 이스라엘 민족이 이집트에서 탈출한 것을 기념하는 축제인 봄의 유월절 식탁은 갖가지 음식으로 가득 찹니다. 이러한 명절에는 할아버지, 할머니를 비롯하여 삼촌, 조카 등 온 가족이 참석하기 때문에 안식일보다 훨씬 떠들썩합니다. 이날은 모두가 예복으로 깔끔하게 차려입습니다. 그리고 음식을 먹으면서 성서 속의 시나 전설을 이야기하고 노래도 부르면서 즐겁게 지냅니다. 원래 유대인은 음식을 먹을 때에 기쁜 마음으로 먹기 위하여 노래를 곁들이는 관습이 있습니다. 유대인 부모들은 자녀에게 사람은 음식을 먹을 때에도 동물과 분명히 달라야 한다고 가르칩니다. 사람이나 동물이나 모두 배가 고파서 먹는 것은 마찬가지지만, 사람은 단순히 먹는 것만으로는 가치가 없다는 것을 인식시킵니다. 예를 들면 유대인은 돼지고기를 먹지 않습니다. 따라서 그들은 돼지가 먹는 것처럼 예의 없이 허겁지겁 먹거나 아무 음식이나 되는대로 먹는 일이 없습니다.

유대인들은 매사에 까다롭습니다. 매일 먹는 음식도 예외는 아닙니다. 오늘은 무엇을 먹을까 하는 일에 여간 신경을 쓰지 않습니다. 아무것이나 먹으면 된다는 생각은 절대 금물입니다. 먹어도 되는 음식과 그렇지 않은 음식의 구분이 아주 명확합니다. 모든 동물들을 깨끗한 동물과 불결한 동물로 나누어, 불결한 동물의 고기는 절대로 먹지 않습니다. 사람은 깨끗한 음식을 먹어야만 다른 동물과 차별된다고 생각하는 것입니다. 『탈무드』에도 사람이 먹을 수 있는 것과 그렇지 못한 것이 상세하게 구분되어 있어, 그들의 음식 문화를 규정짓고 있습니다.

이처럼 유대인이 먹는 정결한 음식을 '코셔 음식'이라고 부릅니다. 그리고 코셔 음식에 관한 계율을 '카쉬룻'이라고 하는데, 이는 '거룩'이라는 '카도쉬'와 관련됩니다. 또 '거룩'이란 단어는 '따로 떼어 두다'와 '구별하다'라는 뜻으로, 음식에 대한 그들의 인식을 잘 나타낸다고 하겠습니다.

유대인들은 주로 습성이 포악하거나 육식을 하는 새들의 고기는 먹지 않는데, 까마귀·독수리·올빼미 등이 이에 속합니다. 유대인들이 즐겨 먹는 새 종류는 닭·칠면조·오리·거위 등입니다. 그 외에는 뱀 등 양서류와 자연사를 한 짐승의 고기가 식용으로 쓰일 수 없는 것들입니다. 또한 정결한 짐승도 식용으로 가공하는 방법이 다릅니다. 고기는 살과 피를 말끔히 분리해야 합니다. 피는 곧 생명이라고 여기기 때문입니다. 생선은 뼈에서 살을 발라내어 그것만 식탁에 올립니다. 그들은 위에서 말한 '거룩'이란 말처럼 늘 구별하는 것이 습관화되어 있습니다.

유대인은 자녀에게도 어릴 때부터 코셔 음식에 대해 철저히 교육합니다. 그러므로 아이들도 부모의 가르침에 어긋나는 음식은 절대로 먹지 않습니다. 이렇듯 유대인 아이들은 음식에서부터 철두철미한 '유대인다움'을 배우면서, 자신들의 전통과 역사를 지키는 대들보로 성장합니다. 그들 역시 가장 유대인다운 것이 자신들의 저력이라는 것을 잘 알고 있는 것입니다.

매스컴의 폭력으로부터
아이 보호하기

폭력은 '최고의 구매력을 가진 상품'인 것처럼 보입니다. 할리우드의 액션 영화들이 세계의 영화 시장을 석권하고 있는 현실이 그것을 증명합니다. 가히 상상을 초월하는 제작비를 들인다는 그 영화들은 무지막지한 폭력을 앞세워 수많은 관객들을 극장으로 불러 모읍니다. 그런 영화들의 주제는 대부분 권선징악입니다. 항상 정의감에 불타는 주인공이 있고, 인간미라고는 조금도 느껴지지 않는 악당이 맞섭니다. 물론 처음에는 악당의 기세가 너무도 등등하여 관객들을 긴장시킵니다. 반면에 주인공은 너무도 순수하고 인간적이어서 나약해 보이기까지 합니다. 이윽고 악당이 주인공과 그의 가족, 친구들을 괴롭힙니다. 그래도 주인공은 폭력을 쓰지 않고 꾹 참습니다. 하지만 악당의 괴롭힘은 계속되고 드디어 주인공의 분노가 폭발합니다. 알고 보니 그는 울퉁불퉁한 근육질 몸에 온갖 무술을 익힌 최고의 싸움꾼입니다. 결국 주인공은 악당을 물리치고 정의를 실현합니다. 그런데 주인공이 정의를 실현하는 방법 역시 언제나 폭력입니다. 오히려 악당의 그것보다 더욱 잔인함은 물론 지극히 감정적이고 충동적입니다. 그런 모습을 의식해서일까요? 주인공은 악당에게 치명적인 폭력을 행사하면서 근사한 목소리로 "악인은 지옥으로!"라고 말합니다. 이 한마디의 말이 영화의 주제고 카타르시스입니다.

영화가 끝나면 어떤 아이들은 더러 영화 속의 장면처럼 주유소를 털러 갑니다. 그러면 매스컴들은 '청소년들의 영화를 모방한 범죄'라고 법석을 떱니다. 영화가 문제라거나 요즘 아이들은 제정신이 아니라는 둥 말들이 많습니다. 대부분의 어른들도 그 아이들의 무모하고 철없음을 탄식합니다. 그런 영화를 만들어서 아이들에게 보여 주고, 또 극장이나 가정에서 비디오로 같이 본 것도 자신들이면서 말입니다.

텔레비전도 별반 다를 것이 없습니다. 폭력은 물론 불륜·근친상간·강간 등이 대다수 프로그램들의 유일한 주제인 것처럼 보입니다. 기껏 화면의 한쪽에 아이들은 보지 말라는 작은 표시를 하는 것이 안전장치의 전부입니다.

그러나 그것 때문에 자리를 뜨는 아이들은 거의 없습니다. 오히려 아이들의 호기심을 자극하는 역효과를 내기도 합니다. 자녀들이 아예 텔레비전을 시청하지 못하도록 할 수는 없습니다. 비록 얼마 되지는 않지만 아이들에게 유익한 프로도 있고, 정보 전달이나 건전한 오락의 재미를 주는 순기능도 있기 때문입니다. 또 어른들은 재미있게 보면서 아이들에게는 공부만 하라고 강요할 수는 없습니다. 그것은 어른들의 일방적인 횡포일 뿐입니다.

그러므로 텔레비전을 보는 아이들을 무조건 나무랄 것이 아니라, 시청 시간을 제한하거나 자녀들의 나이에 맞는 프로를 정해 주는 것이 좋습니다. 더러 성인 대상의 드라마나 오락 프로를 자녀들과 함께 보는 부모들이 있는데, 이는 아주 잘못된 것입니다. 부모들이 같이 본다는 것은 그것을 허락하거나, 심지어 프로의 내용을 따라 해도 좋다는 묵시적인 동의가 될 수도 있습니다.

만약 자녀들이 부모가 정해 준 텔레비전 시청 시간을 넘기거나 성인용 프로를 보고 있으면 단호하게 대처해야 합니다. 그냥 지나가는 말로 "너희들은 보면 안 돼!"라든가 "그만 보고 공부 좀 해라."라고 하는 것은 별 효과가 없습니다. 분명한 이유와 함께 꾸짖어서 자기 방으로 들여보내든가 또는 슬그머니 스위치를 내려도 좋습니다. 그러면 대부분의 아이들은 부모의 의도를 알아채게 마련이니까요.

동시에 부모와의 약속을 어긴 대가로 일정 기간 동안 텔레비전 시청을 금지하고, 집안일을 돕게 하거나 외출을 금지하는 등의 벌을 주어야 합니다. 또한 자녀들의 텔레비전 시청을 제한하는 대신 부모와 함께 볼 수 있는 영화나 다큐멘터리를 주기적으로 보여 주는 것도 좋습니다. 폭력적이라 해도 영화나 텔레비전의 작위적인 것과 다큐멘터리의 그것은 분명히 다릅니다. 대부분의 영화나 텔레비전 프로에서는 폭력을 불가피한 것으로 포장하거나 미화하는 경우가 많습니다. 그렇기 때문에 아직 판단 능력이 부족한 아이들은 폭력에 대한 거부감을 갖기는커녕 잘못된 환상을 가질 수도 있습니다. 이처럼 미화된 폭력은 정의를 수호하는 불가피한 힘이기보다는, 아이들로 하여금 정의의 의미조차 혼동하게 만드는 부작용을 낳는 것입니다.

반면에 다큐멘터리의 폭력성은 폭력 그 자체로 받아들여집니다. 아무런 조작이나 꾸밈없이 폭력의 과정과 결과를 보여 줌으로써, 그것이 얼마나 반윤리적이고 비겁한 행위인지를 알려 줍니다. 예를 들어 유대인 부모들은 자녀에게 2차 세계 대전 당시 독일 나치스들이 저지른, 유대인 학살에 관한 다큐멘터리를 보여 줍니다. 당시에 아우슈비츠에서 죽어 간 동포들의 처참한 모습만큼 폭력의 부당함을 알려 주는 것도 없기 때문입니다. 자녀들에게 자신들의 수치스러운 역사를 숨김없이 보여 줌으로써 그와 같은 참상을 반복하지 않도록 교훈을 주고, 폭력에 대한 경계심은 물론 그 폭력을 막아 낼 의지와 힘을 길러 주게 되는 것입니다.

6장

가정에도 스승이 있어야 한다

아버지는 가정의 스승이다 | 권위는 지키되 권위주의는 버리라
아버지의 좋은 습관을 본받게 하라 | 아이의 이름도 잘 지어야 한다
아이의 우정과 부모의 우정! | 아이가 잘못을 저질렀을 땐 부모도 함께 반성하라

아버지는 가정의 스승이다

가정은 가지 많은 나무와 같습니다. 그 나무의 뿌리가 가족 애라면 부모는 몸통이고, 자녀들은 가지라고 하겠습니다. 만일 뿌리가 죽는다면 나무 전체도 살 수 없게 됩니다. 마찬가지로 몸통이 영양분을 공급해 주지 않으면 가지들은 말라 죽고 맙니다. 그러면 그 가지는 누군가의 낫질에 의해 나무에서 떨어져 나오게 되는 것이지요.

현대 모든 가정이 겪는 고민거리 중 하나가 바로 아버지와 자녀의 대화 단절입니다. '하루 3분짜리 관계'라는 말이 생길 정도로 대화가 이루어지지 않고 있습니다. 아무리 시대가 바뀌었어도 아버지는 아직까지 가정의 버팀목이자 스승입니다. 몸통의 버림을 받은 가지가 말라 죽듯이, 아버지에게서 아무것도 배우지 못한 자녀는 그만큼 사회적 위험에 노출될 수밖에 없습니다. 유대의 격언은 '자녀가 성장해 가면서 부모를 잊는 것은 그 부모의 교육이 잘못되었기 때문이다'라고 말합니다. 즉, 자녀를 교육하지 않는 아버지는 아버지로서의 존재를 인정받지 못한다는 의미입니다.

　아버지가 자녀를 직접 가르치면 교육학적으로 많은 효과를 볼 수 있습니다. 우선 아버지는 자녀의 자질이나 인간적인 됨됨이를 잘 알게 됩니다. 상대방을 제대로 이해하지 못하면 효과적인 교육이 이루어질 수 없기 때문에, 자녀에 대한 깊은 이해는 가정교육의 첫걸음이라고 할 것입니다. 또 주기적으로 아버지의 가르침을 받은 자녀는 그날을 위해 늘 준비하는 습관을 기르게 됩니다. 매주 일요일마다 같이 공부를 했다면 지난주에 배운 것을 일주일 동안 복습하게 되는 것입니다. 아이들은 본능적으로 부모의 관심을 끌고 싶어합니다. 그러므로 다소 부족하더라도 '잘했다'는 칭찬을 들으면 다음에는 더 잘하려고 노력하는 것이지요.

　유대인들에게는 '탈무드식 논쟁법'이라는 것이 있습니다. 이는 두 사람이 책상에 마주앉아서 『탈무드』를 연구하는 교육 방법으로 함께 『탈무드』를 읽다가 혹시 모르는 것이 나오면 서로 의논하고, 만일 상대방의 이론에 허점이 보이면 조금도 사정을 두지 않고 날카로운 질문 공세를 퍼붓기도 합니다. 결국 두 사람은 최선을 다하여 질문하고 대답할 수밖에 없습니다. 그러다 보니 더러는 상대방을 곤경에 빠뜨리기도 합니다. 반대로 자신도 그런 처지에 놓일 수 있기 때문에 가능한 한 모든 지식을 동원하여 상대방의 논리에 맞서게 됩니다. 이렇게 해서 유대인들은 논리에 강해지는 것입니다.

유대인 아버지들은 탈무드식 논쟁법에 익숙해 있습니다. 그들은 자녀가 어릴 때부터 매주 안식일이면 이러한 탈무드식 논쟁법으로 가르칩니다. 이것은 예나 지금이나 전통적으로 지켜지는 유대인 가정교육의 한 모습입니다. 이와 같은 토론식 교육 방법은 아이들에게 비평적·논리적인 능력은 물론 폭넓은 사고를 요구합니다. 또한 아이들의 지능 개발에도 상당한 도움이 되는 것입니다.

아버지가 자녀를 지속적으로 가르치면 아이는 자연스럽게 아버지의 영향을 받게 됩니다. 따라서 아버지의 철학이나 인생관을 배우게 되므로 서로간의 세대 차이가 없어지는 것입니다. 한편, 자녀는 아버지의 교육 방법도 그대로 본받습니다. 그래서 결혼하여 자식을 낳으면 아버지에게서 배운 교육 방법 그대로 가르치고 실천합니다. 이렇게 될 때에 전통적인 교육관이 튼튼하게 다져져, 아무리 외국의 새로운 문화가 유입되어도 혼란을 겪지 않는 것입니다. 다만 아버지의 교육이 자녀에 대해 일방적인 지식 전달에 그쳐서는 안 됩니다. 나름대로 지혜를 발휘하여 자녀 스스로 선택하고 따라올 수 있도록 해야 합니다. 그러기 위해서는 아버지 자신도 끊임없이 사고하고 공부해야 합니다. 지혜로운 교육이란 곧 지혜로운 사람만이 할 수 있는 것이기 때문입니다.

솔로몬 랍비는 『유대인의 생존 비밀』이란 책에서, 어린 시절에 아버지에게서 받은 교육에 대하여 이렇게 회고합니다.

"당시에 나는 아버지의 질문에 늘 흡족한 대답을 하지 못했다. 그러나 아버지는 단 한 번도 화를 내거나 큰 소리로 야단을 친 적이 없었다. 언제나 부드럽고 따뜻한 표정으로 다음을 기대하겠다는 암시를 줄 뿐이었다. 우리 아버지뿐만 아니라 유대인 아버지들은 모두 그러했다."

가정에서 아버지의 교육을 꾸준히 받은 자녀는 저절로 부모에 대한 존경심을 갖게 될 것입니다. 또 아버지로서뿐만 아니라 더없이 훌륭한 선생님으로 여길 것이 분명합니다. 유대인 자녀들이 자기 아버지를 '아버지인 선생님'으로 부르는 까닭도 이런 이유에서입니다.

카를 마르크스의 아버지는 아들의 자질이 뛰어나다는 것을 알고 있었지만, 고집이 세고 비타협적인 그의 성격 때문에 걱정했다고 합니다. 그래서 그가 어른이 된 뒤에도 끊임없이 편지를 보내어 가르쳤다는 것입니다.

'절대 흥분하지 말아라. 항상 신중하게 행동하는 것은 물론 교양을 철저히 몸에 익혀야 한다. 또 도움을 준 사람에게는 진심으로 경의를 표하고, 사회의 규범에 반하는 행위를 절대로 해서는 안 된다.'

아버지가 자신의 역할을 잃으면 자녀들도 방황할 수밖에 없습니다. 자녀들과의 꾸준한 대화와 지속적인 직접 교육만이 가족간의 거리를 좁히는 것입니다. 일이 많아서 시간을 낼 수 없다면 일요일 하루라도 자녀들에게 관심을 가지십시오. 일주일 동안의 피로를 푸는 것보다 자녀들의 교육이 더 중요하다고 생각한다면 말입니다.

권위는 지키되 권위주의는 버리라

아버지란 어떤 존재일까요? 옛날 아버지들은 가정에서만큼은 무소불위의 권력을 행사할 수 있었습니다. 한 집안의 가장으로서 조상의 제사를 주재하는 제사장이었고, 자녀들의 절대적인 추종자였으며, 대소사를 관장하는 막강한 권한의 소유자였습니다. 훌륭한 스승과 더불어 왕의 그것에 견줄 정도로 높은 위치가 바로 아버지의 자리였던 것입니다. 그렇기 때문에 한 여자의 남편으로, 또 자녀들의 귀감이 되는 존재로 몸가짐을 바르게 하는 것 또한 아버지로서 갖춰야 할 덕목이기도 했습니다.

그렇다면 오늘날의 아버지들은 어떤 모습을 하고 있으며 또 어떤 위치에 서 있습니까? 몇 년 전에 어느 신문 기사는 요즈음의 아버지들이 맞고 있는 현실을 이렇게 대변하고 있습니다.

'이제 우리는 가정이나 학교, 사회에서 마땅히 있어야 할 권위가 실종됨으로써 엄청난 혼돈 속에 있다. 가정에서는 부모의 권위가, 학교에서는 선생의 권위가, 사회에서는 상사의 권위가, 그리고 나라에서는 대통령의 권위가 위기를 맞고 있다.'

더러는 봉건주의적인 아버지의 위상을 그리워할지도 모릅니다. 그러나 대부분은 시대의 변화를 인정하고 새로운 아버지 상像을 만들기 위해 애쓰고 있는 것이 사실입니다. 그러면 무엇이 오늘날의 아버지들에게서 권위를 빼앗아 간 것일까요?

아버지에 대한 권위는 아버지 스스로 세우는 것입니다. 아무리 아버지는 존경받아야 마땅한 존재라고 외친들 그럴 만한 행동이 뒤따르지 않는다면 소용이 없습니다. 먼저 자신의 역할에 대한 확고한 신념이 필요합니다. 또 모든 위험이나 어려움으로부터 가족을 보호할 수 있는 힘을 길러야 합니다. 이는 아버지의 권위에 동반하는 중요한 의무인 것입니다. 또한 가족 구성원들 모두가 아버지는 단지 돈만을 벌어들이는 사람이 아님을 명심해야 합니다.

가정에서 아버지의 권위는 어머니, 즉 아내가 먼저 세워 주어야 합니다. 물론 어머니의 권위 또한 남편인 아버지가 지켜 주어야 함은 두말할 나위가 없습니다. 결국 자녀들에 대한 부모의 권위는 아버지와 어머니 두 사람이 함께 만들고 유지하는 것입니다. 혹시라도 아내가 남편의 권위를 무시한다면 자녀들도 자연스레 아버지의 권위를 무시하게 됩니다. 이처럼 아버지의 권위가 상실되면 가정의 질서가 무너집니다. 가정은 물론 사회적인 도덕과 윤리의 파괴라는 엄청난 결과로 나타나는 것입니다.

평소 가정에서는 자녀들이 아버지의 권위를 인정하고 따르는 훈련을 해야 합니다. 그래야만 학교나 사회에서도 윗사람의 권위를 인정하고 존중하는 태도를 갖습니다. 또한 어른이 되어서도 사회적 질서를 따르고 잘 적응할 수 있는 모범적인 구성원의 자질을 갖추게 됩니다. 아버지의 권위는 자녀들을 불편하게 하는 것이 아니라 그들의 미래에 도움이 되는 것이라는 점을 일깨워 주어야 합니다.

'개인 심리학'으로 프로이트 학파와 경쟁했던, 오스트리아 태생 심리학자인 알프레트 아들러도 아버지의 권위 아래에서 배운 사람이었습니다. 그는 어렸을 때에 공부를 못해서 늘 낙제를 했으며, 특히 수학 실력은 너무도 형편없어서 수학 콤플렉스가 있을 정도였습니다. 그래서 담임 선생님은 그의 아버지에게 '알프레트는 공부에 자질이 없으니 학교를 그만두고 양화점 견습공으로 보내는 것이 좋겠다'고 권유했다고 합니다. 그러나 그의 아버지는 선생님의 권유를 완강히 거절하고 알프레트를 억지로 학교에 보냈습니다. 그리고 학교를 마치고 돌아오면 다른 과목은 물론 수학 공부를 집중적으로 시켰습니다. 유대인 가정에서 아버지의 권위는 대단한 것이었기에 알프레트는 당연히 그 지시에 따라야 했습니다. 알프레트도 더 이상 공부를 하고 싶지는 않았지만 억지로 따라야 했던 것이지요. 그러나 아버지의 열성 덕분에 그의 실력은 날로 늘었으며, 그중에서도 수학 실력은 월등한 향상을 보였습니다. 물론 그토록 그를 괴롭히던 수학 콤플렉스도 말끔히 사라졌습니다.

어느 날 수학 시간에 선생님이 칠판에 문제를 내고는 풀 수 있는 사람은 나와서 풀라고 했습니다. 그러나 아주 어려운 문제였기 때문에 누구도 나서는 사람이 없었습니다. 그때 알프레트가 "풀 수 있습니다!"라고 하며 손을 들었습니다. 선생님은 열등생인 알프레트가 그 문제를 풀기는 어려울 거라 생각했지만 일단 시켜 보았습니다. 이날 알프레트는 자신에 대한 선생님과 친구들의 선입관을 완전히 바꿔 놓았습니다. 누구도 풀지 못하는 문제를 완벽하게 해결했던 것입니다. 그 후로 그의 성적은 반에서 늘 1등이었다고 합니다. 아마도 아버지로부터 배운 노력하는 정신과 용기가 그 원동력이었을 것입니다.

흔히 우리 가정에서 갈등의 원인이 되는 것 중 하나는 아버지의 권위주의적인 사고방식입니다. 이로 인해서 아내와 자녀들이 상처를 받는 경우도 종종 있습니다. 그러나 이것은 아버지가 지나치게 권위를 내세우는 데서 오는 부작용일 뿐, 서로의 의견이 대립되어서 생기는 문제는 아닙니다. 가령 아버지가 주장하는 철학이 자녀들의 반발을 산다고 해도 걱정할 필요는 없습니다. 그러한 반발은 자녀들에게 정신적인 도약의 계기를 마련해 주기 때문입니다.

미국의 명문가로 대통령과 대통령 후보를 배출한 바 있는 케네디 가의 어른인 조지프 케네디는 그 가문의 오랜 전통인 가족 토론을 할 때, 일부러 자녀들의 반발을 불러일으켰습니다. 그렇게 해서 아버지인 자기와 전혀 다른 의견을 내놓도록 하여 뜨거운 토론을 벌였다고 합니다. 그처럼 그들의 가정교육은 진보적이었던 것입니다.

아버지가 자녀들에게 영향을 주려면, 자기가 어떤 장소에서 어떤 일을 하며 얼마만큼의 노력을 하는지 알려 주는 것이 좋습니다. 자녀들은 아버지에 대해 집 안에서의 모습만 알지, 바깥에서는 얼마나 비중 있는 일을 하고 있는지 알 수가 없습니다. 그러므로 아버지가 늘 취한 모습으로 집에 돌아와 텔레비전이나 스포츠 신문 따위를 보면서 "너희는 공부나 열심히 하면 돼."라고 한다면 결코 권위가 설 수 없습니다.

자녀들에게 아버지 자신이 선택한 일에 성심껏 임하고 있다는 것을 알려 주기 위해서는, 가정에서도 노력하고 공부하는 모습을 보여 주어야 합니다. 지금 우리의 문제는, 오랫동안 가정이나 사회에서 갈등의 원인이 되었던 권위주의를 몰아내려다 권위 자체도 함께 없애 버렸다는 데 있습니다. 부정적인 모습의 주의^{主義}는 씻어 버리되, 반드시 있어야 할 것은 되찾아야만 가정과 사회의 질서가 회복되고 자녀들의 미래도 바로 세울 수 있을 것입니다.

아버지의 좋은 습관을 본받게 하라

배움은 배우는 자세를 흉내 내는 것에서 시작된다고 합니다. 모든 인간 교육의 기초는 자신보다 나이가 많은 사람, 즉 경험이 많은 사람을 흉내 내는 데서 시작한다는 것입니다. 그러므로 가정교육도 부모의 행동을 자녀들이 따라 하는 것에서 출발한다고 하겠습니다.

『탈무드』의 가르침에 '돈을 꾸어 달라는 요구는 거절해도 좋다. 그러나 책을 빌려 달라는 요구를 거절해서는 절대 안 된다'라는 것이 있습니다. 유대인들이 독서에 대해 갖는 생각을 단적으로 보여 주는 말입니다.

늘 독서하기를 좋아하는 어느 아버지의 이야기입니다. 그에게는 이제 막 세 살 된 아들이 있습니다. 그런데 이 아들이 가장 즐겨하는 놀이가 '아버지 흉내 내기'라고 합니다. 아이는 우선 아버지의 서재에 있는 책꽂이에서 두꺼운 책을 한 권 꺼냅니다. 그런 다음에 의자에 앉아 천천히 책장을 넘깁니다. 가끔 코끝에 걸린 안경을 밀어 올리거나 눈살을 찌푸리는 시늉을 하는 것도 잊지 않습니다. 물론 아이는 아직 글을 읽을 줄 모릅니다. 다만 아버지는 언제나 책을 읽는 사람이라는 관념이 아이의 머릿속에 각인되어 있었던 것입니다. 아이들에게 있어서 가장 가까운 사람은 부모입니다. 아이들은 누구보다도 많은 시간을 부모와 함께 보내기 때문에 자연스레 자신의 부모를 모방하는 것입니다.

어떤 가치에 대해 교육하는 것은 기술을 가르치는 것과는 다릅니다. 가치는 배우는 것이 아니라 마음으로 습득하는 것입니다. 아이들은 훈계나 지도를 통해서가 아니라 어른들의 태도를 통해서 무엇이 더 중요한 가치인지를 알게 됩니다. 그러므로 자녀들에게 정직함을 가르치고 싶다면 부모가 먼저 정직해야 하며, 준법정신을 가르치고 싶다면 부모 먼저 사회 규범을 잘 지켜야 합니다. 부모는 지키지도 않으면서 아이에게만 규칙을 지키라고 하는 것은 '엄마는 옆으로 걷지만 너는 똑바로 걸어야 한다'고 말하는 어미 게의 어리석음과 다를 바 없습니다.

『탈무드』에서 '배움은 가르침을 받는 것이 아니라 큰 사람 앞에 서는 것'이라고 합니다. 아이들은 스스로 배우는 것이고 가장 좋은 본보기는 부모라는 뜻입니다. 즉, 부모가 자기 자신에 대한 개발을 소홀히 하면 자녀의 발전 또한 기대할 수 없다는 가르침입니다.

유대인으로는 최초로 미국 국무장관에 임명되었던 헨리 키신저의 경우를 한번 봅시다. 어느 정치 평론가는 키신저가 보인 화려한 외교적 성과의 원동력을 19세기 유럽 외교사에 대한, 그의 해박한 지식에서 찾기도 했습니다. 키신저의 학문적 성취도가 상당했다는 것은 널리 알려져 있는 사실이기도 합니다. 그는 자서전에서 어려서부터 매주 아버지와 함께 공부를 했다고 밝히고 있습니다. 그의 아버지는 독일의 어느 여학교 교사였는데 소문난 독서광이었다고 합니다. 당시 그의 가족이 살던 방 5개짜리 집은 온통 책으로 가득했다고 전해집니다. 아마도 그가 어릴 적부터 보아 온, 아버지의 책 읽는 모습이 그를 학문의 길로 들어서게 했던 것인지도 모릅니다.

대부분의 부모들이 배움은 흉내를 내는 데서 시작된다는 의견에 공감할 것입니다. 그런데 우리 부모들은 그 사실을 잘 알고 있으면서도 실천에 옮기지 못하고 있습니다. 다시 말해서 자녀들이 흉내 낼 만한 일들을 별로 하지 않는다는 말입니다.

우리 가정은 물론 주위의 다른 가정을 한번 떠올려 보십시오. 대부분의 부모들이 자녀의 미래에 대해 장밋빛 희망을 갖고 있으면서도 의외로 수수방관하고 있다는 사실에 깜짝 놀랄 것입니다. 물론 아이의 재능과는 상관없이 무조건 예능 교습을 시키거나 고액 과외를 시키는 것은 그 노력에서 제외되어야 합니다. 앞에서 말한 것처럼 별로 좋은 교육 방법이 아니니까요. 실제로 아버지 전용인 책상이나 책꽂이가 없는 가정이 허다합니다. 물론 나름대로의 사회적 상황이나 생활환경을 고려해야겠지만 참으로 부끄러운 모습이 아닐 수 없습니다.

2015년 현재 전 세계 유대인의 수는 약 1,430만 명. 그럼에도 불구하고 그들은 이미 100여 명에 육박하는 노벨상 수상자를 배출했습니다. 그들의 환경이 다른 나라에 비해 특별히 나을 것도 없고, 유대인 부모들이 가족의 생계를 위해 기울인 노력 또한 다른 나라 부모들에 비해 별반 차이도 없습니다. 딱 하나 차이가 있다면 자녀의 미래나 교육에 대한 지대한 관심일 것입니다. 굳이 먼 데서 찾을 것도 없습니다. 당신이 자녀를 둔 부모라면 바로 지난주 일요일에 한 일을 생각해 보십시오. 동창회 모임에서 마신 술 때문에 하루 종일 숙취로 고생했나요? 아니면 일주일 동안 쌓인 피로 때문에 하루 종일 잠만 잤습니까? 아이들과 놀이동산에라도 갔다 왔다면 칭찬받을 만합니다.

아이들에게 가르치거나 보여 줄 것은 참으로 많습니다. 반대로 절대 보여 주거나 배우게 해서는 안 될 것들도 수두룩합니다. 아이들은 부모의 좋은 면과 나쁜 면을 한꺼번에 비춰 주는 거울 같은 존재니까요.

"우리 애는 아무리 타일러도 공부를 하지 않으니……."

이런 한탄마저도 자녀에게 배울 만한 것을 하나도 보여 주지 못한 당신 탓이라면 너무 지나친 말일까요?

아이의 이름도 잘 지어야 한다

사람은 누구나 이름을 가지고 있으며 저마다 독특한 이름으로 남에게 불립니다. 당사자를 직접 보지 않아도 고유의 이름만 대면 '아, 누구!' 하고 인식하는 것입니다. 이것은 세상에 존재하는 모든 것들에 있어서도 마찬가지입니다. 이렇듯 이름은 한 주체를 대표하는 것이며 개인사個人史라고 할 수 있습니다. 그런 까닭에 아기가 태어나면 좋은 이름을 짓기 위해 그토록 고심하는 것이지요. 이름은 곧 그 사람의 이미지(얼굴)이기 때문입니다.

유대인들의 이름 짓는 방법은 아주 독특합니다. 그들의 이름에 가장 많이 쓰이는 것은 자기 조상이나 친족 혹은 성인聖人의 이름입니다. 그럼으로써 가족간의 소속감을 강조하고 조상의 전통을 이어 갈 마음가짐을 갖도록 하는 것입니다. 똑같은 이름을 가진 유대인이 많다는 것은 그만큼 유대인의 과거와 현재가 물 흐르듯 이어지고 있다는 반증이기도 합니다. 따라서 유대인 부모들은 선조와 후손 사이의 역사와 율법을 잇는 중요한 연결고리 역할을 수행해 왔습니다. 만일 그 연결고리가 끊어졌다면 그들은 이미 오래전에 뿔뿔이 흩어져 다른 민족에 동화되었거나, 흔적도 없이 사라졌을 것입니다.

유대인의 큰 명절 중 하나인 유월절의 제사책 『하가다』도 '우리는 애굽 바로의 종이었다.'로 시작됩니다. 물론 자신들의 조상이 종이었다는 것은 결코 자랑거리가 될 수 없지만, 그들은 이를 떳떳하게 밝힘으로써 종이 되었을 때의 고난을 자녀에게 기억시키는 것입니다. 또한 그들의 성전이 파괴되었던 사실이나 히틀러에게서 당한, 처절하고 암울했던 역사도 가감 없이 자녀들에게 가르칩니다. 그 치욕의 역사를 기억함으로써 다시는 똑같은 일을 겪지 않도록 하려는 것입니다. 이렇게 모든 역사의 대물림이 학교에서보다는 이름을 통하여 자연스럽게 이루어지는 것입니다. 자신이 물려받은 이름의 조상은 결국 그 역사의 현장에 있었던 사람이기 때문입니다.

러시아 혁명사로 유명한 아이작 도이처는 학식 있는 『탈무드』 학자로서 엄격한 유대교도였던 증조부의 이름 아이작을 그대로 받았고, 지그문트 프로이트의 지그문트는 전설상의 영웅 이름입니다. 이름은 곧 하나의 역사입니다. 개인의 이름으로서뿐만 아니라 그 사회와 민족 전체의 역사를 겪고 기억해 왔기 때문입니다. 그러므로 한 시대의 역사를 겪은 이름들을 대물림한다는 것은 곧 자신들의 역사를 대물림한다는 것과 같은 것입니다. 유대인 부모들은 자녀가 성장하면 이름을 짓게 된 동기를 설명해 줍니다. 그 이름을 근거로 유대인의 역사를 가르쳐 가족간의 유대감은 물론 민족적인 자각심을 느끼게 합니다. 그러면 아이들은 자기와 똑같은 이름의 조상이나 위인이 있었음을 알게 됩니다. 또한 자신의 이름도 후손에게 물려주게 된다는 것을 앎으로써 그 이름을 더럽히지 않는 삶을 살기 위해서 노력하는 것입니다.

이처럼 한 사람의 이름이 갖는 의미란 지대한 것입니다. 평생을 두고 부를 이름이니만큼 결코 함부로 지어서는 안 되겠지요?

아이의 우정과 부모의 우정!

흔히 자녀를 매개로 부모들끼리도 교제하게 되는 경우가 많습니다. 이웃과 자주 마주칠 수밖에 없는 아파트에 사는 사람들도 아이가 없을 때에는 그저 눈인사만 나누다가, 아이를 낳게 되면 이런저런 일로 같이 어울리게 됩니다. 아이들은 비슷한 또래라면 금방 친구가 되므로 부모들끼리도 자연히 알게 되고, 친구처럼 지내는 일도 보통입니다. 하지만 더러 아이로 인해 부모들의 관계가 불편해지는 일도 있습니다. 바로 아이들의 관계를 확대 해석하는 경우입니다.

어떤 주부의 경험을 예로 들어 보지요. 그녀에게는 이제 두 살 된 딸이 있습니다. 또래의 아이들이 그렇듯이 어느 정도 걸음에 익숙해지자 밖에 나가서 놀다가 이웃집 아이와 친해졌습니다. 그 후 그 이웃집 아이는 아침마다 그녀의 딸에게 놀자고 하며 현관문을 두드렸습니다. 그럴 때마다 그녀는 아이들을 집 안에 들여서 놀게 했는데, 하루는 그 아이의 어머니가 함께 찾아왔습니다. 그 이웃집 여자는 그동안 한 번도 말을 나눈 적이 없건만 아주 친한 사람처럼 말을 걸더니, 결국에는 집 안에까지 들어와서 한 시간씩이나 얘기를 하다가 갔습니다. 물론 그날 하루뿐이었다면 이해할 만도 했는데, 그 다음부터는 아예 습관처럼 드나든다고 합니다. 그뿐만 아니라 그녀에게 자기 볼일을 함께 보러 가자고 하고 계 모임을 같이 하자고 조르기도 한다는 것입니다. 그쯤 되자 그녀는 곤란해졌습니다. 자기 마음은 그렇지 않은데, 그 이웃집 여자가 마치 오래 사귀어 온 친구인 양 너무도 격의 없이 행동하기 때문입니다. 이처럼 단지 아이들끼리 친구 사이일 뿐인데 부모들까지도 그와 같은 관계라고 혼동하는 경우가 의외로 많습니다.

적어도 친구 사이가 되려면 어느 정도의 정서적 공감대가 필요합니다. 단지 자녀들이 친하다고 해서 부모들까지도 쉽사리 친구가 될 수는 없는 것이지요. 유대인들은 자녀 때문에 부모들끼리 친구가 되는 경우는 거의 없습니다. 자녀들의 친구 부모와는 서로 얼굴을 익힌 정도로 그저 '알고 지내는 사이'일 뿐 무리하게 관계를 진전시키지 않습니다. 반대로 부모들이 친구 사이일 경우에도 마찬가지입니다. 부모들끼리 아무리 친하더라도 자녀들까지도 그런 관계를 맺어야 한다고 생각하지는 않습니다. 또 부모들이 친구를 집으로 초대하는 때는 보통 저녁 식사 이후이므로 자녀들은 대부분 잠자리에 든 시간입니다. 어쩌다 부모가 친구들과 모여 있는 장소에 자녀들이 들어오더라도 정중하게 인사를 하면 그뿐입니다. 부모가 자녀 친구의 부모를 대하는 것과 같은 태도로 자녀들 역시 부모의 친구를 대하는 것이지요.

이처럼 부모와 자녀는 각각의 친구들과 우정을 나누는 것이지, 자녀 때문에 부모들이 친구가 된다거나 부모로 인하여 자녀끼리도 꼭 친구가 되어야만 할 필요는 없다는 것입니다. 그러나 설령 부모나 자녀를 매개로 관계를 맺는다 해도 한 가지 조건만 충족된다면 문제 될 것이 없습니다. 즉, 상대방을 진정으로 필요로 하고 신뢰하는 참된 친구가 될 수 있다면 말입니다.

아이가 잘못을 저질렀을 땐 부모도 함께 반성하라

자녀가 잘못을 했을 때에 어떻게 벌을 주는 것이 좋을까요? 이것은 모든 부모들이 안고 있는 공통의 고민입니다. 어떤 벌을 어떻게 주는가는 자녀 교육의 효과를 결정하는 중요한 문제이기 때문입니다.

'채찍과 꾸지람이 지혜를 주거늘, 임의로 하게 내버려두면 그 자식은 어미를 욕되게 하느니라.'

이는 솔로몬의 말로, 매와 꾸지람은 자녀를 훈계하여 지혜를 주는 동시에 부모를 욕되지 않게 하기 위하여 꼭 필요한 것이라는 뜻입니다. 따라서 매와 꾸지람은 그 자체가 나쁜 것이 아니라 이를 남용하는 것에 문제가 있습니다. 그러므로 부모는 나쁜 행동을 한 아이에게 보다 효과적으로 벌을 줄 수 있는 지혜가 필요한 것입니다.

부모는 자녀를 사랑하기 때문에 매를 듭니다. 만약 그렇지 않은 부모가 있다면 아이를 사랑하지 않는 사람이거나 부모로서 자격이 없다고도 할 수 있겠지요. 자녀를 진정 사랑한다면 잘못되는 것을 보고만 있을 수는 없기 때문입니다. 그래서 부모가 자녀에게 내리는 매를 '사랑의 매'라고 하는 것입니다. 이러한 사랑의 매는 자녀가 고의적인 잘못을 했을 때에 사용하는 것이 좋습니다.

흔히 자녀들은 일부러 부모의 권위에 도전하는 잘못을 저지릅니다. 이런 경우에 부모가 한번 자녀에게 지면 다시 되돌리기가 어렵습니다. 그런 까닭에 자녀가 지켜야 할 것을 가르쳐 어른이 되더라도 잊지 않도록 해야 합니다. 또 자녀를 매로 다스릴 때에는 언제라도 잘못을 저지르면 따끔한 벌을 받는다는 사실을 확실하게 깨달을 수 있도록 하는 것이 중요합니다. 그리고 매의 방법과 강도는 아이의 이해 정도에 따라 지혜롭게 선택해야 합니다. 다만 분명한 사실은 무조건 매가 좋은 것은 아니라는 점입니다.

또한 부모는 자녀에게 감정적으로 매를 들어서는 안 됩니다. 먼저 아이의 어떤 행동이 잘못되었는지 분명하게 지적해 주고, 꼭 아이가 잘못한 부분만 나무라야 합니다. 더불어 부모가 매를 드는 것은 일종의 사랑의 표현임을 아이가 알도록 하는 것이 좋습니다. 또 일단 꾸지람이 끝났으면 자녀에게 위로와 격려를 해 주도록 하십시오.

부모의 매도 자녀가 어릴 때에는 효과가 있지만, 중학생 정도가 되면 오히려 역효과를 볼 수도 있습니다. 그 정도 나이면 이미 매로 가르칠 나이는 지났다고 볼 수 있습니다. 따라서 그때부터는 자녀와의 진솔한 대화로 문제를 해결하는 것이 보다 효과적입니다. 그리고 아무리 매의 효과가 크다고 해도 자칫 습관이 되어 회초리를 남용하면, 그 또한 폭력이 될 수 있음을 경계하십시오. 부모 스스로 객관적이고 냉정하게 판단하여 꼭 필요한 경우가 아니면 사용하지 말아야 합니다.

유대인 부모들도 자녀에게 보다 적절한 벌을 주기 위하여 여간 신경을 쓰지 않습니다. 물론 매로 다스릴 만한 일이 생기면 조금도 주저하지 않습니다. 일례로 막 외출에서 돌아온 자녀가 코트를 아무렇게나 벗어 놓으면 그 즉시 꾸중을 합니다. 부모가 치워 준다거나 하는 일은 절대 없습니다. 또 자녀가 못된 행동을 하여 꾸중만으로 부족하다고 생각되면 대나무자로 엉덩이를 때리는 일도 있습니다. 그러나 모든 경우에 꾸지람이나 매를 드는 방법만 사용하는 것은 아닙니다. 그들은 자녀에게 '침묵'이라는 독특한 방법의 벌을 주기도 합니다.

예를 들어 보겠습니다. 이제 다섯 살 된 아이가 부모가 아끼는 유리 화병을 들고 다니면서 놀고 있습니다. 그것을 본 아버지가 "잘못하면 깨뜨리겠다. 이리 주렴." 하고 말했으나 아이는 "아니오, 안 깨뜨려요!" 하고는 내놓지 않았습니다. 결국 빼앗기를 단념하고 아이에게 조심하라고 주의를 주었습니다. 불과 몇 분이 지났을까, 요란한 소리와 함께 유리 화병은 산산조각이 나고 말았습니다. 잠시 곰곰이 생각하던 아버지는 아이에게 '침묵'의 벌을 주기로 결정했습니다.

"내가 화병을 깨뜨릴지도 모른다고 말했지? 아버지 말을 듣지 않고 깨뜨리지 않겠다던 약속도 어겼으니 벌을 받아야 한다. 오늘 잠자기 전까지 아빠, 엄마하고 말할 수 없다. 알겠니?"

그날 아이는 잠자리에 들 때까지 부모와 아무런 말도 할 수가 없었습니다. 제 딴에는 재롱을 떨면서 말을 걸어도 상대해 주는 사람이 없었던 것입니다. 부모가 자녀와 대화를 끊는 것은 의외로 무거운 벌입니다. 아이들은 심한 꾸지람을 듣거나 매를 맞는 것보다 더 두려워합니다. 부모의 침묵은 자녀와의 교류를 끊는 것으로, 그 시간 동안은 그들의 존재 자체를 무시하는 것이기 때문입니다. 자연히 아이들은 긴장할 수밖에 없고 침묵 속에서 자신의 잘못을 깊이 반성하게 되는 것이지요. 단, 너무 자주 사용해서는 안 됩니다. 아이들이 잘못 인식하게 되면 침묵을 무서워하지 않을 수도 있으니까요. 그러므로 사전에 부모가 충고를 했는데도 듣지 않고 잘못을 저질렀거나 부모를 모욕하는 언행을 하는 경우 등 가정교육의 기본을 흔드는 일일 때에만 강력하게 사용하는 것이 좋습니다.

이처럼 침묵의 벌은 부모 자신에게도 반성의 시간을 준다는 점에서 효과적입니다. 유대인은 말이 많은 민족이라고 할 정도로 대화를 중요시합니다. 『탈무드』에도 '이스라엘은 누에와 같다. 언제나 입을 움직이고 있다'라는 말이 있을 정도입니다. 이스라엘의 국토는 마치 누에가 지중해를 끼고 옆으로 길게 누워 있는 형상을 하고 있습니다. 사실 누에는 언제나 뽕잎을 먹기 때문에 항상 입을 움직이고 있다는 의미지만, 동시에 유대인의 말 많음을 뜻하기도 하는 것입니다. 이렇듯 대화를 중요하게 여기는 유대인에게 침묵은 일종의 형벌이 아닐 수 없습니다. 그러므로 자녀에게 침묵하는 벌을 주는 것은 결국 부모도 스스로 벌을 받는 것과 같습니다. 부모와 자녀가 동시에 같은 벌을 받으면서 가족애를 확인하고 효과적인 가정교육도 이루어지는 것입니다.

7장

무엇을 가르칠까보다
어떻게 도울까를 생각하라

물고기를 주지 말고 낚시를 가르치라 | 먼저 아이가 원하는 것이 무엇인지 파악하라
자신 있게 말하도록 가르치라 | 공부를 강요하지 말라
아이에게 자선을 가르치라 | 친척들과의 접촉을 적극 유도하라

물고기를 주지 말고 낚시를 가르치라

인간의 삶은 변화무쌍한 바다를 건너는 위태로운 항해와도 같습니다. 그 바다에는 고요함과 무서운 폭풍우가 공존합니다. 그러므로 끝없는 도전 정신이 없는 사람은 무사히 항해를 마칠 수 없습니다. 도전은 삶의 원동력이기 때문입니다. 그렇다면 우리가 살아가면서 예기치 못한 위험에 부딪혔을 때, 그에 대한 도전을 가능하게 하는 것은 무엇일까요?

'당신이 끝까지 살아남고 싶다면 열심히 일만 한다고 해서 되는 게 아니다. 그것은 오로지 당신의 지혜에 의해서만 가능한 것이다.'

인간의 지혜가 얼마나 중요한지를 가르치는 유대인의 격언입니다. 이처럼 삶이라는 항해를 끝까지 계속한다는 것은 수많은 도전을 통해서만 가능합니다. 모든 위험은 예고되지도, 언제까지나 피할 수 있는 기회를 주지도 않기 때문입니다. 물론 도전하는 자체만으로 매사가 해결되는 것은 아닙니다. 무모한 도전은 오히려 치유할 수 없는 깊은 상처를 줄 수도 있습니다. 그러므로 오로지 지혜로운 도전만이 목표를 성취하게 하는 것입니다.

유대 민족에게는 불가사의한 점이 많습니다. 그중 하나가 민족적 수난에 관한 것입니다. 그들의 역사는 한마디로 모진 박해의 역사였습니다. 그들은 수천 년 동안 나라를 잃고 떠돌아다녔지만 다른 나라에 편입되거나 흩어지지 않았습니다. 오랜 유랑 생활 속에서도 자신들의 뿌리를 고스란히 지켜 냈던 것입니다. 오히려 그들을 핍박했던 나라들은 모두 멸망하여 역사의 뒤안길로 사라져 버렸습니다. 늘 억압받는 입장이었던 그들은 오늘날까지도 건재한데 말입니다. 도대체 그들은 무엇으로, 또 어떠한 능력으로 살아남을 수 있었을까요?

그들이 가진 유일한 무기는 바로 지혜였습니다. 처음에는 그것이 단순히 개개인의 안전을 위해서 발휘되었을지도 모릅니다. 그러나 나중에는 유대 민족의 미래를 보장하는 유일한 힘으로서, 수천 년의 박해를 극복할 수 있는 원동력이 되었던 것입니다.

예를 들면 중세 시대에 유대인에게는 토지 소유가 금지되어 있었습니다. 게다가 상인과 수공업자들의 상호 부조적인 동업 조합인 '길드'에도 가입할 수가 없어서, 유대인이 선택할 수 있는 직업은 의사와 행상밖에 없었다고 합니다. 그러므로 어려운 교육 과정을 수료하고 의사가 되어 정착하느냐, 아니면 어느 곳에서도 삶의 방편이 될 수 있는 요령을 익혀서 장사를 하느냐가 한 사람의 인생을 결정짓는 중요한 선택이었습니다.

『탈무드』에는 '지혜에서 뒤지는 자는 매사에 뒤질 수밖에 없다'는 격언이 있습니다. 이것은 물질밖에 없는 부자는 결국 아무것도 없는 것과 같다는 가르침입니다. 이 이야기는 유대인들에게 있어서 굉장히 상징적입니다. 그들은 지혜에 대한 『탈무드』의 가르침을 자기 삶에 구체화시키기 위해서 부단한 노력을 해 왔습니다.

하나의 예를 들어 보겠습니다. 19세기 초, 당시 유럽에 거주하던 유대인들에게 미국 이민 바람이 불었을 때의 일입니다. 독일의 한 지방에 파니 셀리그만이라는 부인이 살고 있었는데, 그녀 역시 다른 유대인들과 마찬가지로 자녀들을 미국으로 보내려고 했습니다. 미국이라는 신대륙을 약속의 땅으로 생각했던 것입니다. 아울러 그녀로서는 자녀들만큼은 자신이 살아온 부자유스러운 생활에서 벗어나게 해주고 싶은 마음도 간절했습니다. 그녀는 장기적인 계획을 세웠는데, 첫 번째 목표는 장남인 조셉을 대학에 입학시키는 것이었습니다. 그녀는 그동안 어렵게 모아 둔 돈으로 아직 열 살밖에 안 된 조셉을 에어랑엔대학에 입학시킵니다. 조셉은 대학에서 뛰어난 어학적 자질을 발휘하여 그리스어·영어·프랑스어 등을 배웠습니다. 그는 이미 독일어·이디시어·히브리어까지 익혀 왔던 터라 6개 국어에 능통하게 되었던 것입니다. 열일곱 살에 대학을 졸업한 조셉은 곧 미국으로 건너갔습니다. 그때 그가 가진 재산이라고는 어머니가 준 100달러가 전부였습니다. 그 후 그는 뉴욕에 'J&W 셀리그만 컴퍼니'라는 은행을 설립하여, 독일에 있는 형제들까지 모두 불러들여 경영에 참여하도록 했습니다. 그리하여 얼마 후에는 자신의 뛰어난 어학 실력을 바탕으로 국제 금융 시장을 좌지우지하는 실력자로 성장하였습니다.

그런데 조셉이 대학을 졸업하고 미국으로 떠날 때에 가져간 것이 단지 100달러뿐이었을까요? 그렇지 않습니다. 그에게는 돈으로 비길 수 없는 값진 것이 있었습니다. 바로 어머니에게서 받은 '교육'이라는 지혜를 가지고 갔던 것입니다.

결국 '지혜롭지 못한 자는 매사에 뒤진다'는 말을 뒤집어 보면, 지혜로운 사람은 어떠한 역경이라도 극복할 수 있는 의지와 능력이 있다는 것을 의미한다고 하겠습니다. 지금도 유대인 부모들은 그러한 신념으로 자녀들을 가르치고 있습니다.

기억하십시오. 중요한 것은 지식이 아니라 지혜입니다. 그 지혜는 바로 정신의 힘을 의미합니다. 당신의 자녀들에게 진정으로 가치 있는 유산을 물려주고 싶다면, 당장의 배고픔을 해결해 주기보다는 삶의 허기를 채워 줄 수 있는 지혜와 따뜻한 사랑을 베풀어 주십시오. 때로 그것은 격려가 될 수도 있고 한마디의 의미 있는 칭찬이 될 수도 있습니다.

먼저 아이가 원하는 것이
무엇인지 파악하라

유대인 과학자로 '상대성 이론'을 발견한 알베르트 아인슈타인은 여덟 살 때까지 열등아였다고 합니다. 선뜻 믿어지지 않는 이야기지만 사실입니다. 지금도 유대인 부모들은 학업 성적이 좋지 않은 자녀들에게 "세계 최고의 과학자인 아인슈타인도 어렸을 때에는 저능아였단다."는 말로 용기를 준다고 합니다.

아인슈타인은 어려서부터 행동이 굼뜨고 주의가 산만하여 부모들조차도 어딘가 모자라는 아이로 여겼습니다. 초등학교에 들어가서도 같은 반 아이들에 비해 머리 회전이 현저히 늦고, 친구들과도 잘 어울리지 못했다고 합니다. 오죽하면 그의 담임 선생님이 생활 기록부에 '이 아이는 공부에 자질이 없으며 앞으로도 지적 능력이 향상될 거라고 보기는 어렵습니다.'라고 써 놓았을 정도였습니다. 그뿐만 아니라 그가 열세 살 때에 그의 생활 기록부에는 아예 노골적으로 '지진 아'라고 기록되어 있었습니다. 그것을 쓴 담임 선생님은 그의 부모에게 아이를 자퇴시키도록 권하면서 이렇게 말했다고 합니다.

"댁의 아드님이 더 이상 제 수업에 들어오지 않으면 합니다. 앞으로도 계속해서 엉뚱하고 바보 같은 질문만 늘어놓는다면 다른 학생들 공부하는 데 심각한 피해를 줄 것입니다."

결국 우리의 열등생 아인슈타인은 학교를 자퇴할 수밖에 없었습니다. 물론 아인슈타인이 남긴 과학적 업적을 아는 사람이라면 누구나 고개를 갸우뚱할 것입니다. 20세기 최고의 과학자였던 그 위대한 인물이 학교에서 쫓겨날 정도로 열등아였다니요!

동양 속담에 '될성부른 나무는 떡잎부터 알아본다.'라는 말이 있습니다. 그런데 이처럼 천재는커녕 평범한 축에도 들지 못했던 아인슈타인이 어떻게 노벨상을 받는 위대한 과학자 될 수 있었을까요? 그것은 결코 우연히 얻어진 성과가 아니었습니다. 즉, 학교에서는 저능아로 취급받던 아이가 훗날 인류 역사에 길이 남을 대과학자로 성장할 수 있었던 그 이면에는 가정교육이라는 중요한 열쇠가 있었던 것이지요. 유대인 부모들은 예외 없이 모두가 '가정교사'들입니다. '선생'과 '부모'라는 단어는 똑같은 히브리어 어원을 갖고 있습니다. 이것은 또 유대인의 율법인 '토라'라는 단어의 뿌리이기도 합니다.

그러면 어머니와 아버지 가운데 누가 더 중요한 가정교사일까요? 흔히 가정교육에 있어서 주도적인 역할을 하는 사람은 어머니로 알고 있지만 사실은 그렇지가 않습니다. 물론 유대인 자녀 교육에서 어머니의 역할도 매우 중요합니다. 그러나 일차적인 선생의 의무는 아버지의 몫입니다. 아버지는 그 가정의 제사장이자 교사입니다. 『탈무드』에도 '유대인의 토라 교육은 아버지가 맡는다. 따라서 유대인의 자녀들은 자신의 아버지를 아버지인 동시에 선생님으로 여긴다.'라는 말이 있습니다.

한편, 유대인의 어머니는 '주이시 머더Jewish Mother'라고 일컬어집니다. 이 말은 이제 고유 명사로 굳어지다시피 해서, 세계의 어머니들에게 자녀 교육에 대한 본보기로 인식되고 있습니다. '주이시 머더, 유대인의 어머니'란 여러 가지 의미를 가지고 있는데, 그중 대표적인 것이 '아이에게 학문의 필요성을 귀찮아할 정도로 시끄럽게 말하는 엄마'라는 뜻입니다. 말의 의미 자체가 다소 부정적인 느낌이 들어서인지 유대인들은 이 말 듣는 것을 그다지 좋아하지 않지만, 한편으로는 그것을 어머니의 당연한 의무로 인식하고 있습니다. 유대인 부모들은 자녀가 저능아라고 해서 저능아인 상태 그대로 두지 않습니다. 그렇다고 다른 아이들과 수준이 같아지도록 무리하게 가르치는 것도 아닙니다. 그 상태에서 아이의 독창적인 개성을 발견하고 키워 주려고 합니다.

아인슈타인의 부모도 마찬가지였습니다. 그들은 학교에서 쫓겨난 아이를 오히려 격려하고, 한 걸음 더 나아가 혹시 아이에게 장점이 될 만한 것은 없는지 찾아보고자 노력했습니다. 그리고 그의 엉뚱함과 집요함을 남과 다른 특별함으로 받아들였습니다. 모든 사람이 각기 다른 얼굴과 성격을 지니고 있는 것처럼 재능 역시 모두 다르다는 것을 깨달았던 것이지요. 그들은 오히려 아인슈타인이 갖고 있는, 혼자서 생각하고 추리하는 능력이야말로 무척 희망적이라고 믿었던 것입니다. 그렇기 때문에 그의 생각이 다소 엉뚱하거나 터무니없어 보여도 전혀 실망하지 않고 늘 격려해 주었다고 합니다. 그러한 부모의 기대감을 알았던 것일까요? 아인슈타인은 열다섯 살이 되었을 때에 왕성한 지식욕으로 수많은 고전을 독파했다고 합니다. 유클리드, 스피노자, 뉴턴 등의 작품을 소화하며 자기만의 독특한 세계를 쌓았던 것이지요. 이처럼 자신들의 아이가 저능아라고 해서 실망하거나 포기하지 않고 오히려 보통 아이들과 다른 것을 희망으로 삼았던, 부모의 지혜로운 교육이 위대한 업적을 이룬 세계 최고의 과학자를 탄생시킨 것입니다.

만약 아인슈타인이 저능아라고 해서 그의 부모가 모든 교육을 중단했다면, 결국 아인슈타인은 저능아인 채로 일생을 살았을지도 모릅니다. 마찬가지로 그의 부모가 아들의 재능을 이해하려는 노력 없이 여느 저능아들과 똑같은 방법으로 가르쳤어도, 아인슈타인의 재능은 그 싹조차 틔우지 못하고 묻혔을 것이 분명합니다. 그리고 그것은 인류사에 커다란 손실이 되었을 것입니다. 이렇듯 자녀 교육은 한 아이를 천재로도 만들 수 있고 저능아로도 만들 수 있는 것입니다.

요즘 부모들은 어떻습니까? 오로지 부모 자신들의 바람만으로 자녀를 키우고 있지는 않습니까? 혹시 이웃집 아이가 피아노를 배운다고 해서 자기 아이도 피아노를 배워야 한다고 강요하거나, 일류 학교를 나와야만 훌륭한 사람이 될 수 있다는 생각에 무조건 공부만 강요하고 있지는 않은지 한번 되돌아보십시오.

물론 아이가 피아노를 배우고 싶어하면 배우게 하면 됩니다. 일류 학교에 가기를 원한다면 그렇게 할 수 있도록 도와주면 됩니다. 하지만 정작 중요한 것은 아이가 무엇을 원하며 어떤 재능을 갖고 있는지를 알아내는 일입니다. 그러자면 지금 유치원에 다니는 아이를 두고 어느 대학에 보내서 어떤 직업을 갖게 하겠다는 식의, 일방적인 계획을 세워서는 곤란할 것입니다.

부모가 자녀를 낳고 기르는 것은 더없이 힘들고 어려운 일임에 틀림없습니다. 그만큼 부모의 역할이 중요하다는 뜻도 되겠지요. 그러므로 부모는 자기 자신에게 보다 엄격하고 신중해야만 부모로서의 임무를 다할 수 있습니다. 자녀는 부모가 마음대로 깎아 내도 되는 조각품이 아닙니다. 이미 빚어진 아이라는 작품에 인간성과 지혜를 불어넣는 일이 곧 부모의 역할인 것입니다. 무릇 '자녀는 부모의 삶을 비추는 거울'이라고 했습니다. 부모의 올곧은 가르침과 인도만이 아이의 삶을 풍요롭게 하는 것입니다.

대부분의 유대인 부모들은 자녀에 대한 지나친 열정 때문에 도리어 자녀 교육에 실패하는 시행착오를 저지르지 않습니다. 왜냐하면 항상 교육의 방법과 절차에 대해 고민하고, 모든 문제를 자녀와 함께 진지한 대화를 통해 해결한다는 원칙을 철저하게 지키기 때문입니다. 바로 이것이 유대식 자녀 교육의 핵심인 것입니다.

자신 있게 말하도록 가르치라

『**탈**무드』에 '내성적인 성격의 아이들은 제대로 가르치기 어렵다'는 말이 있습니다. 물론 내성적인 아이들 모두가 그런 것은 아니지만, 사람들 앞에서 부끄러움 때문에 늘 할 말도 제대로 못하는 아이는 결코 참다운 학문을 배울 수 없다는 뜻입니다. 곧 아이들은 자기가 모른다는 사실을 창피하게 여기지 말고 자꾸 질문을 해서 의문을 해소시키는 습관을 들여야 한다는 것입니다.

그런 까닭에 유대인들은 다른 부모들에게 "당신의 자녀는 무척 얌전하군요."라는 말을 절대로 하지 않는다고 합니다. 혹시라도 자기 자녀가 그런 말을 들으면 아이는 물론이고 부모 자신으로서도 결코 유쾌한 기분을 갖지 못하기 때문이지요. 실제로 그들은 '얌전하다'는 말을 '무슨 일에서든 재능을 발휘할 가능성이 거의 없어 보인다'는 말로 받아들입니다.

러시아 혁명사 연구로 유명한 아이작 도이처는 불과 13세의 나이로 랍비가 된 천재 소년이었습니다. 그의 부모는 늘 다음과 같은 말을 했는데, 이것이 자식에게 주는 유일한 충고였다고 합니다.

"먼저 자신의 생각을 정리한 다음 강단에 서라. 그리고 분명하고 확신에 찬 목소리로 크게 말해라."

이러한 부모의 가르침은 후일 그가 랍비의 자격을 얻기 위한 연구 논문을 발표할 때에 대단한 힘을 발휘했습니다. 그는 부모의 충고대로 13세의 어린 나이에도 불구하고 거리에 모인 수많은 군중 앞에서 무려 두 시간에 걸쳐 대연설을 한 것입니다. 그날 거리에 모인 군중들은 이 어린 소년의 연설에 흠뻑 매료되었습니다. 청중들은 그가 연설을 끝마칠 때까지 서로 약속이나 한 듯이 숨소리조차 죽이고 경청했는데, 그 분위기가 자못 숙연했다고 합니다. 그리하여 그날 심사를 맡은 100여 명의 랍비들은 만장일치로 최고 점수를 매겨 그를 랍비로 임명했습니다.

유대인 사회에서 가장 존경받는 신분인 랍비는 훌륭한 인격이나 오랜 수양만으로 오를 수 있는 자리가 아닙니다. 아이작 도이처의 경우처럼 자신의 지혜와 철학을 대변하는 뛰어난 웅변, 즉 자신의 생각을 분명하게 말하는 용기가 으뜸가는 덕이자 조건인 것입니다. 유대인들은 어려서부터 '침묵은 배움을 거부하는 것'이라는 가르침과 함께 성장합니다. 그런 까닭에 그다지 수다스럽지 않은 사람도 혼자서 계속 지껄이는 경우가 많습니다. 침묵을 지식에 대한 욕구의 결여로 받아들이는 그들의 교육적 습관 때문이라고 하겠습니다. 그만큼 매사를 꾸밈없이 분명하게 이야기하는 것은 그들 자신의 마음을 밖으로 활짝 열고 있다는 것입니다.

만약 취학 연령의 자녀를 둔 부모에게 "당신은 자녀가 학교에 입학하여 처음 등교할 때에 무엇을 가장 주의하도록 가르치겠습니까?"라는 질문을 한다면, 아마 대부분의 부모들이 이렇게 대답할 것입니다.

"그거야 학교에 가면 선생님 말씀을 잘 들어야 한다고 주의시키지요."

물론 선생님 말씀을 잘 따라야 하는 것은 학생의 본분이기도 합니다. 하지만 그것만 요구한다면 학생의 본분을 지키는 일보다 더 큰 것을 잃을 수도 있습니다. 교실에서 선생님의 이야기를 조용히 듣고만 있을 우리의 아이들을 떠올려 보면 가엾다는 생각마저 듭니다. 선생님이 가르치는 말씀은 무조건 열심히 들어야 한다고 교육받은 아이들은 비록 질문이 있어도 선뜻 손을 들지 못할 것입니다. 그만큼 선생님은 어려운 존재라는 인식이 그 아이들의 머릿속에 주입되어 있기 때문입니다. 그렇게 해서는 결국 호기심도 독창성도 없는 사람이 될지도 모릅니다.

그러니 지금부터는 자녀에게 이렇게 말하십시오. "오늘 학교에 가면 훌륭한 선생님을 만나게 될 거야. 무엇이든지 모르는 것이 있으면 꼭 선생님께 여쭈어 보아라."라고 말입니다. 혹시라도 선생님이 시키는 대로 잘 따르는 아이라는 칭찬을 들었더라도 무조건 기뻐해서는 안 됩니다. 그저 말 잘 듣는 학생이 되라고 가르치지 말고 적극적으로 질문하고 대답하는 자세를 갖도록 가르쳐야 합니다. 또한 자녀가 공부한 것을 무턱대고 암기하도록 요구하지 마십시오. 남보다 단어 몇 개를 더 외운다고 해서 아이의 인생이 달라지는 것은 아닙니다. 중요한 것은 스스로 이해하는 능력입니다.

대부분의 훌륭한 선생님들은 학생들이 문제를 해결하는 능력보다는 그 과정을 보다 중요하게 생각합니다. 자신이 모르는 것에 대한 강렬한 호기심과 끝없는 질문을 통하여 기어이 이해하고 넘어가는 도전 정신을 더 가치 있게 생각한다는 것입니다. 학생의 본분이란 선생님의 말씀을 잘 듣는 것에도 있지만, 기필코 배우고 말겠다는 강한 의지를 갖는 것이 더 중요합니다. 모르는 게 있을 땐 끊임없이 질문하고 깨우치는 것이 배우는 학생의 기본적인 의무인 것입니다. 이를 『탈무드』에서는 '교사가 혼자서 떠들기만 해서는 안 된다. 만약 학생들이 잠자코 듣기만 한다면 수많은 앵무새를 길러 내는 것에 불과하기 때문이다. 교사와 학생 사이에서 질문과 대답이 활발히 오가면 오갈수록 교육의 효과는 더욱 커지는 것이다.'라고 가르칩니다.

마빈 토케이어 랍비는 그의 저서 『일본인과 유대인』이 일본에서 베스트셀러가 되는 바람에 여러 곳으로 강연을 하러 다녔습니다. 그때마다 그는 참으로 강한 의문에 사로잡혔다고 합니다. 자신의 강연이 끝나도록 누구 하나 질문하는 사람 없이 모두 침묵만 지키고 있었던 것입니다. 만일 유대인들의 모임이었다면 강연자가 쩔쩔맬 정도로 수많은 질문이 쏟아졌을 것이기 때문입니다. 유대인들은 누군가의 가르침을 그저 머릿속에 기억하는 것이 아니라, 자신의 신념에 비추어 이해하고자 하는 의욕이 강합니다. 바로 이것이 교육의 목적이 아닐까요? 이제부터는 당신의 자녀들에게 적극적으로 사고하는 방법

을 가르치십시오. 적극적 사고의 바탕이 되는 것은 모든 현상에 대해
의문을 갖는 것입니다. 모르는 게 있어도 침묵하는 아이는 결코 발전
할 수 없다는 것을 명심하십시오.

공부를 강요하지 말라

유대인들은 공부를 '달고 맛있는 것'이라고 믿습니다. 세상에 그토록 힘들고 어려운 공부가 달고 맛있다니! 부모들은 물론 자녀들에게도 꿈같은 얘기일 것입니다. 사실 예나 지금이나 대부분의 사람들이 공부를 중요하게 여기지만, 그것을 '달고 맛있는 것'이라고 생각하는 사람은 별로 없을 것입니다. 이것은 공부하는 학생들의 잘못만은 아닙니다. 공부를 '고된 일'로 만드는 것은 무엇보다도 잘못된 교육 환경에 있으니까요.

유대의 초등학교에서는 입학 첫날을 굉장히 중요하게 생각합니다. 선생님들이 신입생에게 공부의 '달콤함'을 가르치는 날이기 때문입니다. 바로 공부가 '달고 맛있는 것'이라는 사실을 어린이들의 기억에 남겨 주려는 의도에서 그런 것이지요. 아울러 이러한 덕목은 그들의 학교 교육에서 가장 중요시되는 부분이기도 합니다.

자, 그렇다면 어떻게 하는 것인지 한번 보기로 합시다. 먼저 선생님은 달콤한 꿀을 준비합니다. 그리고 아이들과 함께 손가락에 꿀을 묻혀 히브리어의 알파벳 스물두 자를 한 글자씩 써 봅니다. 그런 다음 아이들에게 손가락을 빨게 합니다. 이때 선생님은 "앞으로 여러분이 배우는 것은 모두 이 스물두 자에서 출발한다. 그것은 꿀처럼 달고 맛있는 것이다."라고 가르칩니다. 또 이런 방법도 있습니다. 학교에서는 미리 흰 설탕이 섞인 작은 케이크를 준비해 놓습니다. 그 케이크 위에는 히브리어의 알파벳이 한 자씩 쓰여 있습니다. 이것을 신입생들에게 나누어 준 뒤에 손가락으로 알파벳을 따라 쓰도록 합니다. 그런 다음에 역시 단것이 묻은 손가락을 빨게 합니다. 이것이 바로 '배움이란 꿀처럼 달다'는 것을 알려 주는 의식입니다. 이때부터 아이들의 머릿속에는 '공부의 감미로움'이 자리잡게 되는 것입니다.

유대인들의 교육에 대한 열의는 일반적인 방법을 넘어서는 경우가 비일비재합니다. 물론 지구상의 어떤 국가나 민족도 아이들의 교육을 불필요한 것으로 여기는 경우는 없습니다. 다만 서로 다른 여건이나 상황에 따라 어느 정도의 차이는 있을 수 있다고 봅니다. 하지만 이것은 최선을 다하느냐 안 하느냐의 문제일 뿐 결과는 얼마든지 달라질 수 있습니다.

예로부터 동서양을 막론하고 교육이 한 나라의 미래를 좌우한다는 것은 불변의 진리로 통용되어 왔습니다. 지금도 우리 주변에는 홀륭한 스승이 많이 있습니다. 또 유대 민족의 그것에 못지않은 덕성 교육도 이루어져 왔습니다. 단지 아쉬운 것은 시대가 바뀌면서 진정한 교육의 의미를 점차 상실하게 되었다는 것입니다. 물론 아직도 늦지는 않습니다. 지금부터라도 참교육에 대한 의식의 변화를 꾀한다면 충분히 달라질 수 있으니까요. 그러기 위해서 유대인들의 우수한 자녀 교육 방법을 배우자는 것입니다.

만일 자녀가 학교에 가려고 하지 않는다면 그것은 부모에게 책임이 있습니다. 책을 읽으려 하지 않는 것 또한 부모에게 책임이 있습니다. 어쩌면 당신은 자녀에게 교육이나 학습에 대한 중요성을 충분히 일깨워 주지 못했을지도 모릅니다. 혹은 부모 자신도 그것을 중요하게 여기지 않았을 수도 있습니다.

다음은 벤 자카이 랍비의 일화로, 유대인들의 교육에 대한 의식을 들여다볼 수 있는 대목입니다.

서기 70년, 로마 군대에 포위된 예루살렘은 그야말로 바람 앞의 촛불 신세였습니다. 이제 그들의 성이 함락되는 것은 시간문제일 뿐 아무런 희망도 없었지요. 당시 예루살렘의 지도자는 벤 자카이라는 랍비였는데 그는 머지않아 성이 함락될 것을 직감하고 있었습니다. 어느 날 벤 자카이는 밤이 되기를 기다렸다가 로마군 사령관을 찾아갔습니다. 그리고 "로마군이 예루살렘을 정복하여 마음껏 약탈해도 좋소. 다만 건물 하나만은 특별히 보호해 주시오."라고 요청했지요. 그로서는 목숨을 건 모험이었습니다.

"그것이 무슨 건물이기에 목숨을 걸고 여기까지 왔단 말이오?"

로마 사령관이 물었습니다.

"그 조그만 건물은 궁전이나 사원이 아니오. 그것은 우리 아이들을 가르치는 하나뿐인 학교라오."

벤 자카이의 용기에 감동한 로마 사령관은 흔쾌히 허락했습니다. 그리고 후일 그 약속을 저버리지 않고 실천했지요. 예루살렘에 있는 대부분의 건물이 불에 타고 더러는 헐리기도 했지만, 그 학교만은 고스란히 지킬 수 있었던 것입니다.

한편, 다시 성으로 돌아온 벤 자카이 랍비는 동족들을 모아 놓고 이렇게 말했다고 합니다.

"비록 예루살렘은 멸망하더라도 유대 민족의 교육은 계속되어야 한다."

자녀들에게 공부는 하지 않으면 안 되는 것, 학교는 다니지 않으면 안 되는 곳이라고 아무리 강요해도 소용없습니다. 그럴 경우에 아이들은 의무감 때문에 부담을 느끼게 됩니다. 사실 어른들도 의무라면 부담스러워하는데, 하물며 아이들이 억지로 하는 일을 좋아할 리가 없습니다.

어느 날 아이가 "공부하기가 싫어요!"라고 말하면 대개의 부모들은 버럭 화부터 낼 것입니다.

"아니, 장차 뭐가 되려고 그래! 다시 한 번 그런 소리 하다가는 정말 혼날 줄 알아!"

그리고 나서 무조건 공부를 해야 한다며 아이를 윽박지릅니다. 대뜸 아이의 머리를 쥐어박는 경우도 있겠지요. 이럴 경우에 아이는 과연 자기의 잘못을 뉘우치고 열심히 공부만 할까요? 안타깝게도 이러한 갈등은 부모의 바람대로 해결되는 것이 아니라 또 다른 문제를 낳습니다. 결국 가출과 같은 심각한 문제로 이어질 수도 있다는 것입니다. 그러니 당신의 자녀가 어려서부터 '배움은 즐거운 일'이라는 것을 느낄 수 있도록 좋은 환경을 만들어 주십시오. 그리고 좋은 환경을 만드는 데 있어서 가장 중요한 것은 아이들의 개성과 창의력을 존중해 주는 것임을 항상 기억하십시오.

아이에게 자선을 가르치라

세계 제일의 강대국인 미국의 힘은 어디서 비롯되는 것일까요? 아마도 여러 가지 대답이 나올 것입니다. 군사력일 수도 있고 경제력일 수도 있고, 또는 민주주의라는 사람도 있겠지요. 물론 모두 맞는 말입니다. 갖가지 조건들이 충족되었으므로 세계를 주름잡는 오늘날의 미국이 되었을 것입니다. 그런데 의외의 대답도 있습니다. 어떤 학자는 미국의 가장 큰 힘을 '자선慈善'이라고 말합니다. 미국인들의 남다른 자선 의식이 문제 많은 미국 사회를 지탱하는 가장 강력한 힘이라는 것입니다.

평생 노점상을 한 사람이 전 재산을 대학에 기부하고 먹을 것, 입을 것까지 아껴 가며 고생해서 번 돈을 모두 자선 단체에 기부하는 사람도 있습니다. 이처럼 우리 주변에는 어려운 살림 속에서도 푼푼이 돈을 모아 이웃을 돕는 독지가들이 많이 있습니다. 그러나 정작 부모에게서 많은 재산을 물려받은 사람들이나 국민의 세금을 꾸어다가 엄청난 돈을 버는 기업들은 어려운 이웃들을 외면하는 경우가 많습니다. 그뿐만 아니라 해외로 돈을 빼돌리기도 하고, 자기 사업이 망하기라도 하면 다시 국민의 세금을 끌어다가 재기하기도 합니다. 기껏 연말이나 되어야 마치 한 해를 보내는 마무리 행사처럼 떠들썩하게 생색내기용 자선을 하는 것입니다. 그래도 역시 많은 아이들이 점심을 굶고 많은 노인들이 생활고를 못 이겨 스스로 목숨을 끊는 게 현실입니다. 아직도 우리는 진정한 자선의 의미를 잘 모르는 것 같습니다.

『탈무드』는 자선과 선행이야말로 인간의 영원한 동반자라고 가르칩니다. 다음은 『탈무드』에 나오는 이야기입니다.

'옛날 어떤 백성이 왕의 부름을 받았습니다. 그는 아무리 생각해 보아도 왕이 자신을 부를 이유가 없었으므로 좀 의아하게 생각했지요. 그런데 왕의 사자까지 찾아와서 얼른 궁전으로 들어오라고 재촉하자 더럭 겁이 났고, 그래서 자기 친구들에게 동행해 줄 것을 부탁해 보기로 했습니다.

그에게는 세 명의 친구가 있었습니다. 첫 번째 친구는 가장 친했고, 두 번째 친구는 아주 친한 것은 아니지만 가까운 편이었으며, 세 번째 친구는 친구라고는 하지만 그다지 가깝게 지내는 사이가 아니었습니다.

그는 먼저 평소에 가장 친하게 지냈던 첫 번째 친구에게 부탁했습니다. 그러나 그 친구는 냉담하게 거절을 하는 것이었습니다. 하는 수 없어 두 번째로 가까운 친구를 찾아가 부탁했더니 그 친구는 '궁궐 앞까지만 같이 갈 수 있다'는 단서를 달았습니다. 하지만 궁궐 앞까지만 같이 가는 것은 별 도움이 안 되었기에 그는 세 번째 친구를 찾아가 보기로 했습니다. 물론 큰 기대는 하지 않았습니다. 그토록 친했던 친구들도 거절했으므로 별로 왕래도 없던 친구는 당연히 거절할 거라고 생각했던 것입니다. 그러나 그의 예상과는 정반대로 세 번째 친구는 흔쾌히 고개를 끄덕였습니다. 그 친구는 "암, 함께 가고 말고. 필경 자네는 잘못이 없을 테니 함께 대왕님을 만나 보도록 하세."라고 말하며 당장 길 떠날 준비를 하는 것이었습니다.

『탈무드』의 해석에 의하면, 첫 번째 친구는 '재물'입니다. 이는 아무리 많더라도 죽을 때에는 하나도 가져갈 수가 없는 것입니다. 또 두 번째 친구는 '친척'으로, 겨우 무덤까지만 동행하는 관계일 뿐이지요. 그러나 최후까지 함께 가 주는 세 번째 친구는 바로 '선행'입니다. 평소에는 잘 보이지 않지만, 사람이 죽은 뒤에도 남는 것은 오로지 그 사람이 행한 선행뿐이라는 의미입니다.

요즘 젊은이들은 남에게 양보하고 배려하는 마음이 부족한 것 같습니다. 예를 들어 전철을 타 보면 노인이나 신체 장애자가 서 있는데도 젊은이들이 모르는 척하는 경우가 많습니다. 오히려 그들보다 더 나이 든 사람들이 양보하는 예가 많습니다. 이는 어려서부터 남을 위한 양보나 선행에 익숙해 있지 않기 때문입니다. 수많은 부모들이 자녀들이 열심히 공부하여 좋은 대학에 가고 좋은 회사에 취직하기를 바랄 뿐, 어떻게 남과 융화하면서 조화 있는 삶을 살아갈 것인지에 대해서는 가르치지 않은 결과입니다.

유대의 속담에 '세상은 배우고 일하고 자선을 하기 위한 곳'이라는 말이 있습니다. 이는 남보다 많이 배우고 아무리 중요한 일을 한다해도 자선을 잊으면 그 삶은 완전한 것이 아니라는 뜻입니다. 그러므로 자선이나 선행은 자녀가 어릴 때부터 익숙해지도록 가르쳐야 하는 일종의 사회 교육인 셈입니다.

유대인 가정에서는 자녀에게 자선용 저금통을 주고 용돈을 절약하여 저금하도록 가르칩니다. 그리고 자녀 스스로 일정한 기간마다 교회의 자선함에 가져다 넣도록 합니다. 이를 통하여 유대인 자녀들은 자선이 자기 나름의 아량이 아닌 의무라는 점을 배우는 것입니다. 그런 까닭에 그들의 자선 습관은 어른이 되어서도 계속 이어집니다.

또한 자신의 삶은 항상 사회를 향해 열려 있어야 한다는 것을 잊지 않습니다. 그러므로 전철에서 노인이나 자기보다 약한 사람에게 자리를 양보하는 일은 당연한 것으로 받아들입니다. 아무런 저항이나 부담감 없이 사회에 적응하는 것입니다. 만일 부모로서 자녀들이 값지고 올바른 삶을 살기를 원한다면 이웃에 대한 자선과 선행의 중요함을 가르치십시오.

친척들과의 접촉을 적극 유도하라

현대 사회에서 가족의 해체는 더 이상 새삼스러운 일이 아닙니다. 이미 부모와 자녀만으로 구성되는 핵가족화가 상당히 이루어져 있기 때문입니다. 또 핵가족화 현상은 비단 우리나라뿐만 아니라 세계적인 추세이기도 합니다. 어찌 보면 문명의 발전과 비례하는 것으로 보입니다.

핵가족은 나름대로 장점도 있습니다. 이전의 대가족 형태와 비교해 볼 때에 확실히 세대간의 불화가 줄어듭니다. 부모와 자녀만으로 구성되어 있으므로 한정된 주택 공간을 넓게 사용할 수도 있으며, 특히 가정 주부에게는 복잡한 가족 관계로 고민하는 대신 자녀 교육이나 살림에 전념할 수 있는 효과적인 형태라고 하겠습니다.

반면에 핵가족화로 인한 부작용도 있습니다. 가족 이기주의나

200

비타협적인 사고방식에서 오는 이웃과의 단절은 여러 가지 사회 문제를 낳습니다. 친족에 대한 애정 상실이 나아가서는 사회나 민족에 대한 공동체 의식의 결여로 나타나며, 심각한 노인 소외 문제가 발생하기도 합니다. 부모를 모시는 자식에게 국가가 세금 감면 등의 혜택을 주는 '당근 작전'이 효과를 볼 정도로 황폐한 시대가 된 것입니다.

또한 아이들은 다양한 인간관계를 통한 열린 교육의 기회를 잃고 있습니다. 부모 이외의 어른들, 즉 할아버지나 할머니를 비롯하여 삼촌, 고모 등 다양한 세대와의 접촉이 이루어지지 않습니다. 그러면 여러 사람들의 갖가지 경험과 성취에 의한 지적 자극이나 간접 경험의 기회가 없습니다.

자기 부모의 영향만을 받는 것은 자칫 아이의 성격이나 사고방식을 편협하게 만들 수도 있습니다. 그러므로 핵가족화로 인한 가족 간의 고립과 소외 현상을 극복하기 위해서는 폭넓은 교류가 이루어져야 합니다. 가족끼리는 물론 많은 사람들과 함께 어울려 대화하고 정보를 나누는 것이 중요합니다. 이를 통한 인간적이고 정서적인 교육의 효과는 아이들에게 다양한 삶의 형태를 제공해 주는 것이기 때문입니다.

유대인들에게 있어서 가족이란 부모와 자녀는 물론 혈연관계에 있는 모든 사람들을 포함하는 포괄적인 의미입니다. 그런 까닭에 그들은 수시로 서로의 가정을 방문하여 정을 나눕니다. 그러나 서로 살고 있는 곳이 너무 멀다면, 자주 만나지 못하는 대신 전화나 편지를 통해 지속적으로 연락을 취하는 것을 잊지 않습니다.

이처럼 핵가족이지만 대가족적인 관계를 유지하는 가정에서 생활하는 아이들은, 그렇지 못한 가정의 아이들에 비해 많은 것을 경험하게 됩니다. 자기 부모와는 사고방식이나 습관이 다르고 직업도 다른 어른들을 통해 새로운 것을 배우기 때문입니다.

독일의 시인 하이네는 외삼촌의 서재에서 많은 책을 읽으며 문학에 대한 꿈을 키웠다고 합니다. 또한 그 서재에서 발견한 증조부의 비망록을 통하여 더 넓은 세상에 대한 동경과 상상력을 펼쳤다는 것입니다. 그의 증조부는 일생 동안 아시아와 북아프리카 등지를 여행한 방랑자였다고 합니다. 만일 부모 밑에서만 성장했다면 그의 뛰어난 문학적 자질은 그대로 묻혀 버렸을지도 모를 일입니다.

시대는 빠르게 변화하고 있습니다. 그러므로 우리의 자녀들이 맞이할 미래도 오늘날과는 아주 다른 모습일 것입니다. 지금은 예측조차 불가능할 정도로 다양한 변화를 겪게 될 것이 틀림없습니다. 더불어 가족에 대한 개념도 부모 세대의 그것과 많이 달라질 것입니다. 가족의 형태가 변할 수도 있습니다.

이미 인간의 삶을 바꾸어 놓은 컴퓨터의 무한한 발전은 새로운 주거 양식을 제시할 것입니다. 즉, 부모 중심의 핵가족을 벗어나서 각 구성원들이 독립적인 가구를 형성하는 개인 세대로 이어질지도 모릅니다. 심지어 세계화에 의한 가족의 해외 분산이 늘어날 수도 있습니다. 때문에 가족간의 심리적 유대감이나 공동체 의식은 한층 더 약화될 것이 분명합니다. 그러므로 지금부터 자녀들에게 가족이나 이웃에 대한 유대감의 중요성을 가르치지 않으면 필경 고립된 삶을 살 수밖에 없을 것입니다.

8장

지혜로운 아버지가 지혜로운 아이를 만든다

지시자 아닌 상담자인 아버지가 지혜롭다! | 지혜로운 아버지가 지혜로운 아이를 만든다
성교육은 유아기부터 지혜롭게 | 아이의 성장 체험에 의미를 부여하는 아버지
아이에게 돈을 줄 때에도 지혜롭게 | 아이를 데리고 남의 집을 방문할 때에도!

지시자 아닌 상담자인
아버지가 지혜롭다!

부모가 잘나가는 판사이자 변호사인 한 아이가 있었습니다. 아버지가 판사고 어머니는 변호사였는데, 어머니는 아이를 무려 여덟 군데의 학원에 보내며 강행군(?)을 달리고 있었습니다. 아이는 학교에 다녀오자마자 영어 학원부터 수학, 과학은 물론이고 피아노, 발레에 수영까지 무수한 학원을 오가며 집에 올 때에는 파김치가 되어 있어야 했습니다. 다행히 아이는 천성이 착해 그런 어머니의 요구에 한 번도 반항하지 않고 열심히 시키는 대로 잘 움직여 주었습니다.

문제는 아이의 학교 성적에서 나타났습니다. 이렇게 공부를 시키는데도 글쎄 시험만 보면 60점 이상을 받지 못하는 것이었습니다. 속이 상한 어머니는 처음에는 아이를 매우 다그쳤습니다. 아이는 주눅이 들어 다음에는 잘 보겠다고 다짐을 하지만, 이건 말뿐일 뿐 다음 시험을 보면 결과는 여전히 똑같았습니다.

상황이 이쯤 되자 아이의 어머니는 아이의 아버지에게 책임을 돌렸고, 이제 아이의 아버지마저 난처한 상황에 빠졌습니다. 아이의 아버지는 이 문제가 첫 번째로 이곳이 강남 일번지라는 데 있다고 생각했습니다. 즉, 강남 하면 교육열로는 우리나라 최고를 자랑하는 곳이어서 모든 아이들이 자신의 아이 정도는 학원을 다니고 있기에 나타난 결과라고 생각한 것이었습니다. 이것도 일면 타당한 이유가 될 수 있을 것입니다. 만약 자신의 아이 성적이 이런 이유로 잘 나오지 않는다면, 이제 자신의 아이에게 남들보다 한 차원 높은 특단의 공부를 시키는 수밖에 없었습니다.

급기야 아버지는 아이에게 특별 과외를 붙였고, 다시 시험을 보았으나 조금 성적이 올랐을 뿐 크게 나아지지 않았습니다. 아이는 분명 특별 과외까지 받으면서 공부 시간 또한 다른 아이들보다 더 많이 가졌지만 결과는 크게 나아지지 않았습니다. 도대체 왜 이런 결과가 나왔을까요? 이 미스터리한 이유를 어떻게 설명해야 할까요?

사실 이 아이의 성적이 크게 오르지 못한 데 가장 큰 책임은 부모에게 있다고 할 수 있습니다. 아니, 부모에게 무슨 책임이 있지요? 남들보다 더 많은 돈을 들이고 더 많은 공부를 시켜 주었는데 부모에게 책임이 있다면, 대한민국 부모 중에 책임이 없는 부모가 있을까요? 이렇게 반문이 쏟아져 나올 것입니다. 그럼에도 불구하고 이 결과의 책임은 부모에게 있다고 감히 말할 수 있습니다. 왜냐고요? 부모는 아이의 외형적인 모습만 따졌을 뿐 내면적인 모습을 전혀 봐 주지 못했기 때문입니다. 이 아이의 모습을 잘 살펴보십시오. 아이는 그저 부모의 놀음에 놀아나는 꼭두각시와 크게 다를 바가 없습니다. 아이의 어떤 행동에서도 아이의 주관이나 생각이 들어갈 틈이 없습니다. 아이는 그저 부모가 시키는 대로 움직이는 로봇에 불과할 뿐입니다. 그야말로 지시자도 이런 지시자가 없습니다.

유대인 가정에서 이런 일은 상상도 할 수 없는 일입니다. 한 유대인 아이가 생일날 비누 거품 방울놀이 기구를 선물받았습니다. 아이는 신이 나서 당장 비누 거품 방울을 불고 싶어합니다. 하지만 집 안에서 비누 거품 방울을 불면 집 안이 온통 어지럽혀지고 말 것입니다. 밖에 나가서 비누 거품 방울놀이를 하라고 하면 되겠지만, 밖은 한겨울이라 강추위가 몰아치고 있어 감히 내보낼 수 없는 상황입니다. 아마도 이때 우리나라 부모라면 아이에게 비누 거품 방울놀이를 못하도록 금지할 것입니다. 만약 아이가 그래도 하겠다고 고집을 부리면 화를 내며 아이를 나무랄 것입니다.

하지만 유대인 부모들의 행동은 조금 다릅니다. 아이가 고집을 부려도 절대 화내지 않고, 아이에게 집 안에서 비누 거품 방울놀이를 하면 집 안이 어지럽혀져 안 되니 꼭 하고 싶다면 밖에 나가서 하라고 가르칩니다. 아이의 나이는 불과 네댓 살밖에 안 되는데도 말입니다. 결국 아이는 옷을 챙겨 입고 밖에 나가 차가운 바람을 맞으면서도 신나게 비누 거품 방울놀이를 합니다. 그리고 그 추위 속에서도 비누 거품 방울놀이가 질릴 만큼 하고 놀다가 다시 집 안으로 들어오는 것입니다.

어떻습니까? 이렇게 자라는 아이는 스스로 자존감이 생겨 뭔가를 할 때에 스스로 생각하고 행동할 수 있는 힘이 생기게 됩니다. 하지만 어려서부터 꼭두각시처럼 부모가 시키는 대로 움직였던 아이들은 스스로 생각하고 행동하는 힘이 약해져, 그저 부모가 시키는 일은 하지만 정작 자신이 하고 싶은 일은 잘하지 못하는 결과를 초래하고 맙니다.

다시 앞으로 돌아가 볼까요? 아이가 그렇게 학원을 다니고 과외를 받고 남들보다 공부를 열심히 했는데도 성적이 나오지 않았던 이유는, 정작 자신에게는 재미도 없는 공부를 부모가 시키니 그저 하는 시늉만 내다가 생긴 결과였습니다. 전문가의 상담에 의해 그 아이는 집에서 두 시간을 공부한다고 앉아 있었지만, 정작 공부하는 시간은 10분도 채 되지 않았다는 충격적인 결과가 나왔습니다. 아이는 공부를 하고 싶어 두 시간을 앉아 있었던 것이 아니라 부모가 야단칠까 봐 겁이 나 두 시간을 앉아 있었던 것입니다. 이처럼 소모적이고 낭비적인 일이 또 어디 있겠습니까.

사실 이 에피소드는 어쩌면 비단 이 아이에게만 해당되는 이야기가 아닐지도 모릅니다. 오늘날 대한민국 학부모들의 자화상인지도 모릅니다. 우리나라의 대부분 아이들이 이런 삶을 살고 있으니까요. 이것은 절대 지혜로운 부모의 행동이 아닙니다. 지혜로운 부모라면 투자 시간이나 금전에 대비해 최대의 효과를 낼 수 있어야지요. 무엇보다 아이의 공부나 교육은 단지 경제적 이익을 넘어 아이의 미래가 걸린 중차대한 문제라 하지 않을 수 없습니다. 이런 문제 앞에서 부모의 행동 하나가 어쩌면 아이의 미래를 결정할지도 모릅니다.

지혜로운 부모가 되고자 한다면, 이제 지시자의 자리에서 상담자의 자리로 내려와야 합니다. 부모는 그저 아이가 하고 싶은 일을 하도록 뒷받침해 주고, 거기에서 아이가 방황할 때에 약간의 방향을 제시해 주는 상담자의 역할만 하면 되는 것입니다. 사람들은 공부라는 것이 무조건 어렵고 재미없다고 생각하는데 사실 공부보다 재미있는 것도 없습니다.

아이들은 어른보다 호기심이 강하고, 그래서 모르는 것을 알게 될 때에 무척이나 재미있어하기 때문입니다. 그럼에도 불구하고 우리 사회에서 공부는 무조건 재미없고 어려운 것으로 전락하고 말았습니다. 왜 이렇게 되었을까요? 그것은 아이들 스스로 공부하는 문화를 만들어 주지 못하고, 부모가 강압적으로 공부하는 문화를 만들었기 때문입니다. 사람은 하고 싶은 일이 있어도 누가 하라고 지시하면 하기 싫어하는 본능이 있는 동물입니다. 아이들은 특히 더 그렇습니다. 그런 아이들에게 하루도 빠짐없이 공부하라고 지시하니 아이들이 공부에 학을 떼는 것은 어쩌면 당연한 일입니다.

모든 주도권을 아이에게 주고 상담자의 위치로 내려와 보십시오. 아이는 분명 뭔가를 스스로 하기 시작할 것입니다. 그리고 그것이 혹 공부가 아니거든 서서히 공부 쪽으로도 유도하는 역할을 해 보십시오. 어느새 공부에도 관심을 갖는 아이로 변해 갈 것입니다. 만약 도저히 학교 공부에 관심을 가지지 못한다면, 아예 그 아이가 원하는 쪽의 공부로 지원해 주는 것도 좋은 대안이 될 수 있습니다. 이제 미래는 창조의 시대요, 개성의 시대가 될 것이기 때문입니다.

학교 공부의 성공자만이 성공자가 아니라 자기 분야의 성공자가 성공자가 되는 시대가 이미 열렸기 때문입니다. 정말이지 내 아이를 창의적이고 성공적인 아이로 키우고 싶다면 반드시 지시자의 위치에서 상담자의 위치로 내려오십시오. 그것만이 내 아이를 행복의 길로 안내해 줄 것입니다.

지혜로운 아버지가
지혜로운 아이를 만든다

천재는 타고나는 것이 아니라 만들어진다고 합니다. 선천적으로 두뇌가 좋은 아이는 물론이고 그렇지 못한 아이에게도 천재성은 있다는 뜻입니다. 과연 '머리를 좋게 한다'는 것은 무슨 뜻일까요? 아마도 보디빌더가 근육을 발달시키기 위해 운동을 하는 것처럼 생각을 많이 해서 두뇌를 성장시킨다는 말일 것입니다. 그러면 머리를 좋게 하기 위한, 어떤 적절한 환경이나 교육이 필요한 것은 아닐까요?

유대인의 두뇌가 우수하다는 것은 이미 세계적으로 잘 알려져 있습니다. 실제로 미국에서 '아이비 리그'로 불리는 하버드·예일·컬럼비아·프린스턴 등 일류 대학의 교수진 가운데 30퍼센트가 유대인입니다. 또 노벨상 수상자 중 10퍼센트 정도를 유대인 내지는 유대계가 차지하고 있습니다. 각 시대와 분야를 막론하고 인류의 역사를 주도해 온 위대한 인물들의 상당수가 유대인이라는 것도 주지의 사실입니다. 혹시 오해는 하지 마십시오. 이런 이야기를 함으로써 유대인이 다른 민족에 비해 선천적으로 우수하다는 말을 하려는 것은 아니니까요. 어떤 경우에도 인종이나 환경에 따라 지능이 좋고 나쁜 것은 아니기 때문입니다. 그렇다면 그들의 우수성은 어디에서 비롯되는 것일까요? 한마디로 말하자면 자녀들의 개성과 인격 형성에 중점을 둔 '유대식 가정교육'에 있습니다.

유대인들은 어려서부터 유대인답게 사는 방법을 배우는데, 그 중 으뜸으로 여기는 것이 항상 머리를 쓰라는 것입니다. 그들은 '육체만으로 살아가서는 안 된다. 늘 생각하고 고민함으로써 두뇌의 기능을 충분히 발휘하는 일을 해야 한다'고 교육받습니다. 그들의 교육 시스템(학교와 가정) 자체가 머리를 활용하는 일에 어울리게끔 만들어져 있습니다. 다시 말하자면 유대인들은 '머리를 쓰는 것' 중심으로 이루어진 환경에서 자라나기 때문에 머리를 쓰는 일에 익숙할 수밖에 없다는 것입니다. 그렇다고 그들이 육체노동에 대한 편견을 가지고 있다는 것은 아닙니다. 인간에게 주어진 신성한 노동의 의무를 다하되 지혜를 발휘하라는 뜻인 것입니다.

마빈 토케이어 랍비는 뉴욕 태생입니다. 그는 초등학교 1학년 때부터 학교를 두 군데나 다녔다고 합니다. 오전 여덟 시에 집을 나서면 오후 다섯 시까지는 보통 미국 아이들이 다니는 초등학교에 가서 수업을 받고, 수업이 끝나면 다시 버스를 타고 40분이나 걸리는 유대인 학교에 등교했다는 것입니다. 물론 그곳에서는 히브리어로 유대 문화에 관한 교육을 받았습니다. 이런 식의 교육은 그가 대학에 진학해서도 계속되었습니다. 역시 아침부터 저녁까지는 일반 미국인들과 같은 대학에서 공부하고, 밤에는 예시버라는 유대인 대학에 다녔던 것입니다. 자연히 대학을 졸업할 때에는 학사 학위를 동시에 두 개나 취득하게 되었습니다. 그는 학업뿐만 아니라 운동에도 뛰어난 소질을 보였습니다. 특히 테니스와 야구를 좋아했는데 그중 야구는 대학 팀 선수로 활약할 정도의 실력이었습니다. 그의 손가락이 보통 사람들과 다르게 생겨서 스트레이트로 볼을 던져도 자연스럽게 타자가 치기 어려운 커브가 되었던 것입니다. 그런 까닭에 졸업 무렵에는 프로 야구 팀에서 스카우트 제의를 받았습니다. 그는 이 스카우트 건에 대해서 아버지와 의논했는데 그의 아버지는 "프로 야구 선수는 네게 맞지 않는다."라고 충고했다고 합니다.

앞에서 말한 것처럼 토케이어는 초등학교 때부터 두 학교를 다녔고, 그런 과정에서 머리를 최대한 활용하도록 길러졌습니다. 그러므로 그의 아버지는 자식이 아무리 천부적인 '황금의 손가락'을 가지고 있더라도, 완벽한 시스템을 통해 두뇌 교육을 철저히 받고 자란 그에게는 프로 야구 선수가 맞지 않을 것으로 판단했던 것입니다. 물론 운동 선수에게도 뛰어난 두뇌 회전은 필요합니다. 실제로 한 시대를 풍미했던 운동 선수들을 보면 그것이 얼마나 중요한지도 알게 됩니다. 단지 토케이어의 아버지는 아들이 더 잘할 수 있는 것을 추천했던 것입니다.

이처럼 '머리를 쓰라'는 것은 유대식 자녀 교육의 핵심입니다. 그들은 혹시 자녀에게 매를 들더라도 머리를 때리는 일은 절대로 없습니다. 뇌에 이상이 생기지나 않을까 하는 두려움 때문입니다. 결국 세계인이 인정하는 유대인의 우수한 머리는 타고난 것이 아니라, 지속적인 두뇌 개발 훈련에 의한 결과라고 보아도 무방하겠습니다. 우리 자녀들에게도 이러한 환경을 만들어 준다면 한층 더 뛰어난 인물로 성장할 수 있을 것입니다.

또 한 가지, 자녀에게 늘 머리를 쓰도록 강조한다고 해서 모든 일이 해결되는 것은 아닙니다. 그 머릿속에 무엇을 담아 줄 것인가가 더욱 중요한 것입니다. 그저 일반적인 지식을 가르쳐 주는 것과 그 지식을 얻는 방법을 가르쳐 주는 것은 아주 다른 결과를 낳기 때문입니다. 옛날 속담에 '물고기 한 마리를 주면 하루를 살지만, 물고기 잡는 법을 가르쳐 주면 평생을 살아갈 수 있다'는 말이 있습니다. 물고기를 지식에 견주어 보면 이 속담의 깊은 뜻을 금방 알 수 있을 것입니다.

이렇듯 부모의 의무는 자녀에게 학문을 가르치는 것으로 끝나는 것이 아닙니다. 그보다는 학문을 얻을 수 있는 방법을 가르쳤을 때에야 비로소 부모의 역할을 다했다고 할 수 있습니다. 요즘의 부모들은 어떻습니까? 마치 자녀를 일류 학교에 입학시키는 일이 최대의 목표인 것처럼 보입니다. 그러다 보니 학교 선생님들도 그 요구에 맞춰 일방적인 주입식 교육밖에는 할 수가 없습니다. 즉, 개개인의 능력이나 개성을 길러 주는 데 주력하기보다는 시험을 위한 단순 지식을 전달하는 수준에 그치고 마는 것입니다. 이것은 앞의 속담처럼 물고기를 잡는 법을 알려 주는 것이 아니라 그저 물고기 한 마리만 주는 것과 똑같은 일입니다.

예로부터 교육은 100년을 내다보아야 한다고 했습니다. 지금 당장 필요한 지식만을 배우려 하기보다는 그 지식을 어떻게 자기 것으로 소화하느냐 하는 방법에 더 주목하십시오. 그러면 학교에서 배운 지식을 다른 영역에도 응용할 수 있는 능력이 생길 뿐만 아니라, 배움 자체에 대한 강한 흥미 또한 느끼게 될 것입니다.

성교육은 유아기부터 지혜롭게

인간의 성은 부끄러울 것도 감출 것도 없는 아주 자연스러운 본능입니다. 더욱이 아이들은 이를 무조건 억제하거나 감추려 하면 도리어 역효과가 날 가능성이 높습니다. 그러므로 부모들은 자녀가 어릴 때부터 적절한 성교육을 통하여 건강한 의식을 심어 주어야 합니다. 유대인들은 남녀간의 성적인 접촉, 즉 섹스를 지극히 자연스러운 일로 받아들입니다. 그렇다고 해서 모든 성적인 관계가 용납된다는 뜻은 아닙니다. 그들 역시 불륜 관계나 무분별한 성관계, 동성애는 엄격하게 경계하고 있습니다.

『구약 성서』에 '아담이 그 아내 이브와 동침하매 아들을 낳았다'라는 기록이 있습니다. 여기에서 쓰인 '동침하다'의 히브리 원어는 '야다'로 '상대를 알다'라는 뜻입니다. '동침하다'의 원어의 뜻을 살펴보면 진정한 서로의 육체를 경험할 때에 알게 된다는 것입니다. 즉, 상대방과 육체적으로 체험이 있어야 정확하게 서로를 알 수 있다는 뜻입니다. 이처럼 체험적으로 상대를 안다는 것은 부부간의 사랑을 의미합니다. 그것을 통하여 서로를 알게 되고 자녀를 낳을 수 있습니다. 따라서 '야다'의 의미로 보면 플라토닉한 사랑에는 분명한 한계가 있는 것입니다. 또한 이러한 육체적 체험은 기본적인 도덕과 윤리의 바탕 위에서 이루어져야 한다는 의미입니다.

그들은 섹스에 대하여 부정적인 관념을 가지지 않습니다. 『탈무드』에도 '섹스는 가장 자연스러운 것이다. 그러므로 그 행위를 함에 있어서 어떤 제약도 있을 까닭이 없다'라고 기록되어 있습니다. 이처럼 섹스를 자연스러운 것으로 생각하는 사고방식은 자녀들의 성교육에도 그대로 반영됩니다. 그렇기 때문에 섹스에 대한 호기심을 가진 아이가 질문을 하더라도 결코 놀라거나 당황하지 않습니다. 다소 직접적인 질문을 한다고 해서 얼굴을 붉히거나 화를 내는 일도 없습니다.

아이의 질문에는 솔직하게 사실대로 말해 주되 간단명료하게 합니다. 섹스에 대한 장황한 설명은 오히려 아이의 호기심을 자극하는 일이기 때문입니다. 마찬가지로 부모가 질문에 주저하거나 당황하는 태도는 아이의 상상을 불러일으킬 뿐만 아니라, 불필요한 흥미를 유발합니다. 자칫 은밀한 무엇인가가 있다는 느낌을 주면 아이는 궁금증을 풀기 위해서 그것에 집착할 수도 있습니다. 그런 경우에 섹스는 본연의 자연스러움을 잃고 퇴폐적이고 향락적인 이미지로 남게 되는 것입니다. 굳이 아이의 질문을 넘어서는 것까지 설명할 필요는 없습니다. 다만 무엇이든지 정확하게 가르쳐 주어야지 거짓말을 하거나 얼버무려서는 안 됩니다. 일반적으로 아이들은 자신이 궁금했던 것만 해소되면 더 이상의 상상은 하지 않습니다. 또 그 이상의 것은 아이가 나중에 다시 질문을 하거나 자기 스스로 깨닫게 되니까요.

유대인들의 어린이집인 '키부츠'에서도 섹스는 자연스러운 것이라고 가르칩니다. 혹시 아이들이 자위행위를 하더라도 전혀 제지하지 않습니다. 어떤 곳에서는 아홉 살 이하의 아이들에게는 자위행위에 대해 아무런 주의도 주지 않고, 그 나이를 넘어야만 비로소 '남의 눈을 피해서 하라'고 가르쳐 준다는 것입니다. 한 키부츠 교사의 경험에 의하면, 일곱 살 된 한 남자아이가 자꾸만 여자아이의 은밀한 부분에 장난을 치기에 '네 것에다 하라'고 일러 주었다고 합니다. 그랬더니 다시는 여자아이에게 장난을 치지 않더라는 것입니다.

다소 조심스러운 이야기일 수도 있습니다. 그러나 지금까지 부모와 자녀 사이의 대화가 없었을 뿐 아이들은 나름대로 성적인 욕구와 의문을 가지고 있습니다. 예전에는 자녀의 자위행위를 마치 범죄행위와도 같이 취급하여 갈등을 빚는 경우가 많았습니다. 자위행위가 의학적으로나 정신적으로 해롭지 않다는 것은 이미 알려진 사실입니다.

이러한 사실로 볼 때에 이제는 자녀들의 성에 대해 솔직하고 현명한 접근이 필요할 때라고 하겠습니다. 지금부터라도 섹스는 자녀들과 이야기하기에 민망한 주제라는 생각을 버리십시오. 부모는 자녀들의 성교육 교사로서 가장 적합한 사람이니까요.

아이의 성장 체험에
의미를 부여하는 아버지

유대인 화가인 마르크 샤갈은 활동 초기에 유대의 전통적인 관습에 대한 작품들을 많이 발표했습니다. 바로 「할례」, 「부부」, 「성 가족」 등이 대표적인데 그중 할례는 결혼식에 비교될 만큼 중요한 의식입니다. 이는 남자의 성기를 둘러싼 포피를 제거하는 것으로 다른 나라에서는 흔히 포경 수술이라고 합니다.

할례는 대개 남자아이가 출생한 지 8일째 되는 날 치르는데, 그 후부터는 아이에게 남녀의 성性 차이를 인식시키는 노력을 하게 됩니다. 물론 갓난아이인지라 부모의 말을 알아들을 수는 없지만, 끊임없는 암시를 통하여 뇌리에 남도록 합니다. 그럼으로써 아이가 어릴 때부터 자신의 성에 걸맞은 생각과 행동을 하도록 유도하는 것입니다.

이 의식은 다음과 같이 진행됩니다. 남자아이가 태어난 가정의 부모는 아기가 태어난 지 8일째 되는 날에 주변 사람들에게 자기 자녀의 할례 의식이 있음을 알립니다. 그러면 아이의 어머니를 제외한 모든 가족과 이웃 주민들이 그 집으로 모입니다. 다만 아이의 어머니는 할례에 참석하지 않는 것이 관례입니다. 이윽고 할례 의식이 시작되면 아이의 아버지는 모두가 지켜보는 가운데 입에 머금은 술을 깨끗한 솜 조각에 적십니다. 그런 다음 그 솜 조각을 아이의 입에 갖다 댑니다. 그 이유는 술의 알코올 성분으로 아이를 마취시켜 포피를 제거할 때의 통증을 느끼지 못하도록 하려는 것입니다. 굳이 그렇게 하지 않더라도 신생아라 아직 신경이 발달하지 않아서 통증을 느끼지는 못합니다. 일종의 외과 수술을 앞둔 자녀에 대한 아버지의 따뜻한 배려인 셈입니다. 이것으로 아버지의 역할은 끝나고, '모헬'이라고 하는 할례 전문가가 미리 준비한 예리한 도구로 성기의 포피를 알맞게 잘라 냅니다. 이것으로 할례 의식을 마치게 되는데, 전통적인 춤과 노래로 흥겨운 파티를 열어 아기를 축하합니다.

할례는 그 의식을 치르는 아이가 비로소 유대인의 조상인 아브라함의 가족이 된다는 의미를 가지고 있습니다. 그러므로 할례를 받지 않은 남자아이는 유대인으로서 자격을 인정받지 못합니다. 이처럼 남자아이는 할례 의식을 치르지만, 여자아이는 교회에서 명명식을 하는 것으로 대신합니다. 하지만 할례 때와 같은 축하 파티는 열어 주지 않습니다. 할례는 남성 또는 아버지의 권위를 상징하는 것이므로 차별을 두는 것입니다. 유대인들의 자녀 교육이 가진 장점 중 하나는 어떤 의식이나 행사를 통하여 체험적으로 가르친다는 것입니다. 체험을 통한 자녀 교육은 말 그대로 산교육이 되기 때문입니다.

바로 유대인 소년들의 성년식이 그런 것으로, 13세가 되면 누구나 이 의식을 치르게 됩니다. 성년식을 히브리어로 '바 미쯔바'라고 합니다. 이 말은 '율법의 아들'이라는 뜻으로, 하느님의 말씀을 맡은 사람을 의미하는 것입니다. 따라서 성년식은 유대인 소년에게 유대의 율법과 하느님의 말씀을 받아들이고 실천하는 의무를 부여하기 위한 의식입니다. 그러므로 성년식을 치른 소년은 유대인의 계율을 지키고 그것에 어울리는 행동만 한다는, 중요한 의무를 지게 되는 것입니다. 이처럼 성년식은 진정한 유대인으로 거듭나는 의식이므로, 유대인 남자의 일생을 통틀어 가장 의미 있고 성대한 행사입니다. 그래서 본인이나 부모는 물론 모든 친척들이 갖은 정성을 다하여 성년식을 준비합니다. 또한 안식일인 토요일에 의식을 치르기 때문에 성년식은 온통 잔치 분위기일 수밖에 없습니다.

성년식의 의식은 랍비가 먼저 시작하지만 대부분 그날의 주인공인 소년이 혼자서 진행하도록 합니다. 비록 13세의 어린 나이지만 성인으로서의 책임감을 부여함으로써, 부모의 영향을 받지 않고도 자신의 일을 잘할 수 있도록 훈련시키기 위한 것입니다. 그리고 성년식을 마치면 할례 때와 마찬가지로 성대한 축하 파티를 열어 막 어른이 된 아이를 축하합니다. 이 자리에서 부모는 이제 막 성년이 된 아이에게 이렇게 말합니다.

"자, 이제 너도 모든 것을 혼자서 생각하고 행동할 나이가 되었다. 우리가 너를 도울 수 있는 것은 이제부터 별로 많지 않다. 왜냐하면 너 스스로 그것을 해결할 수 있는 힘과 지혜가 생겼기 때문이다."

앞으로 그 아이가 스스로 헤엄쳐 가야 할, 세상이라는 넓은 바다를 열어 주는 부모의 가르침을 아이는 나름대로 진지하게 받아들입니다. 이제까지 부모의 도움 없이는 아무것도 하지 못하던 아이에게 있어서는, 앞으로 자신이 헤치고 나가야 할 역경 또한 하나의 신기한 체험이 될 수 있을 테니까요. 비록 처음 얼마간은 스스로 감당하기에 벅찬 어려움이 따를지라도 말입니다.

성년식을 치르고 난 아이들이 이처럼 빠른 성장의 변화를 보이는 것은, 그들의 부모가 자신을 위해 특별한 의식을 준비해 주며 성년이 된 그 의미를 한껏 일깨워 주었다는 데도 그 이유가 있습니다. 마치 철없던 청년이 결혼식을 치르고 난 뒤에는 전에 없이 의젓한 모습으로 변하는 것과도 같은 이치겠지요.

당신의 자녀가 유치원에 입학하는 날, 혹은 초등학교에 들어가는 날, 처음으로 자기 혼자 힘으로 어떤 일을 완수했던 날 등 아이의 모든 체험에 특별한 의미를 부여해 주세요. 그것이 아이에게는 자립심과 책임감을 배울 수 있는 산교육이 될 수 있을 테니까요.

아이에게 돈을 줄 때에도 지혜롭게

유대의 격언에 '부자에게는 자녀가 없다. 다만 상속자가 있을 뿐이다'라는 말이 있습니다. 유대인들은 돈을 '차가운 것'으로 표현합니다. 옛날 종이 화폐가 없었을 때에 은이나 금이 화폐 대신으로 통용되었기 때문입니다. 알다시피 은이나 금이란 물질은 얼마나 차갑습니까. 그러므로 자녀를 돈으로 키우면 아주 차갑고 비정한 인간이 된다는 뜻입니다. 자고로 인간관계에 재물이 개입되면 매정해지는 것은 물론이거니와, 이것 때문에 형제를 고소하고 부모에게 몹쓸 짓을 하기도 합니다. 이것은 비단 오늘날만의 이야기가 아니라 고금을 통틀어 언제나 그래 왔던 것입니다. 따라서 부모가 자녀에게 물질에 대해 올바른 가치와 신념을 가르치는 것은 무엇보다도 중요합니다.

유대인 부모들은 자녀에게 무조건 용돈을 주는 법이 없습니다. 용돈을 줄 때에는 반드시 돈의 쓰임새에 대한 지혜와 가치를 함께 가르칩니다. 또 자녀에게 자신이 써야 할 용돈의 지출 계획서를 작성하도록 합니다. 그런 다음 아이와 하나씩 의논하여 꼭 써야 할 돈과 그렇지 않은 돈을 구분합니다. 물론 그 이유에 대해서도 알아듣게 설명해 줍니다.

만일 자녀가 이번 달 용돈에서 친구와 사귀는 데 드는 비용을 줄였다면, 그 돈은 꼭 필요한 돈이고 왜 그런지를 일러 주는 것입니다. 이를테면 "다른 친구들은 돈을 쓰는데 너만 쓰지 않는다면 불공평한 일이야. 친구들과 쓰는 돈도 적당히 준비해 두어야지."라고 가르칩니다. 또한 자녀에게 용돈의 쓰임새를 기록하도록 가르칩니다. 그러면 자녀가 어떤 생활을 하며 어디에 관심을 갖고 있는지 파악할 수가 있습니다. 그것은 자녀에 대한 가정교육에 있어 훌륭한 기초 자료가 됩니다.

부모가 자녀에게 선물을 할 경우에 돈으로 대신해서는 안 됩니다. 흔히 일이 바빠서 선물을 준비하지 못했거나 깜빡 잊어버린 경우에 돈을 주는 부모들이 있는데, 이는 아주 좋지 못한 습관입니다. 선물이란 나름대로 의미가 있는데, 돈으로 준다는 것은 자녀가 그 돈으로 무엇을 해도 상관없다는 것입니다. 부모의 애정을 돈으로 표현하는 것은 앞에서 말한 대로 자녀를 차가운 인간으로 만드는 행위일 뿐입니다.

집에 놀러 왔던 손님이 돌아갈 때에 자녀들에게 직접 돈을 주거나 부모에게 맡기는 수도 있습니다. 이런 경우에도 자녀들이 선물로 돈을 받았다는 생각을 하지 않도록 잘 이해시키고, 부모가 그 돈으로 선물을 사서 자녀들에게 주는 것이 좋습니다. 그때도 언제 방문했던 어떤 손님이 주는 선물이라는 것을 분명하게 알려 주어야 합니다.

사람에게 돈은 중요한 것입니다. 그러나 자칫 잘못 다루면 도움이 되기는커녕 해를 끼칠 수도 있습니다. 그렇다고 자녀들에게 돈을 부정적인 것으로 가르칠 필요는 없습니다. 다만 어떻게 벌어서 어떻게 쓰는가에 대한 의미를 깨닫도록 도와주어야 합니다. 또한 가난은 수치스러운 것이 아니며, 그렇다고 명예로운 것도 아니라는 것을 가르치십시오. 그래야만 자녀들이 돈의 노예가 되지 않고 정당하게 가치를 생산하는 삶의 법칙을 배우게 될 것입니다.

흔히 '유대인은 돈에 인색하다', 즉 구두쇠라고 합니다. 사실 그들은 돈 문제에 있어서 대충 처리하는 법이 없습니다. 거래를 할 때에는 철저하게 계산하여 주고받습니다. 그렇기 때문에 이들의 습관을 모르면 야박한 계산에 서운한 감정을 가질 수도 있습니다. 이러한 그들의 철저한 계산 습관은 이미 오래전부터 시작되었습니다. 당시에는 상행위를 할 때, 저울을 속이거나 계산을 속여서 상대방에게서 부당 이득을 취하면 무거운 처벌을 받았기 때문입니다. 따라서 유대인은 언제나 계산이 정확합니다. 그리고 이처럼 철저한 절약 생활에서 얻은 재물로 남을 도와주기도 하고 하느님께 바치기도 합니다.

솔로몬 랍비의 어머니는 '동전 한 개를 훔치나 백 개를 훔치나 마찬가지'라는 말로 그를 가르쳤다고 합니다. 또 그의 할아버지는 폴란드에서 모자 가게를 경영했는데, 만약 자신이 판매한 모자에 조그만 흠이라도 있으면 손님의 집까지 찾아가서 기어이 모자값의 일부를 돌려주었다고 합니다. 이것은 거래를 함에 있어서 계산은 철저하나, 불합리한 돈은 절대 탐내지 않는 유대인들의 기질을 보여 주는 예라고 하겠습니다. '돈은 무자비한 주인에게도 유익한 도구가 된다'라는 격언이 있습니다. 이는 돈 자체는 좋지도 나쁘지도 않은 것으로, 주인이 되거나 노예가 되는 것은 오로지 쓰는 사람의 됨됨이에 달려 있다는 말입니다. 즉, 돈이란 적절한 곳에 쓰는 사람에게는 행복을 주지만 그렇지 못한 사람에게는 무거운 짐이자 불행이 된다는 것입니다.

아직 어린아이들에게 돈의 의미를 제대로 가르치기는 어렵습니다. 결국 부모들이 꾸준히 교육함으로써 조금씩 깨닫게 할 수밖에 없는데, 다만 주의할 것은 돈을 죄악시하거나 더러운 것으로 인식하게 해서는 안 된다는 점입니다. 즉, 과도하게 재물을 탐하는 것은 옳지 않다고 가르쳐야 하지만, 돈 자체가 죄악을 낳는다는 그릇된 인식을 갖게 해서는 안 된다는 것입니다. 물론 자녀들에게 돈의 가치를 전혀 가르치지 않으면 황금만능의 배금주의에 빠질 수도 있습니다. 또 부모들이 자녀 앞에서 돈에 집착하는 모습을 보이면, 아무리 교훈적이고 설득력 있는 이야기를 하더라도 아이들은 귀담아듣지 않게 되는 것입니다.

또한 자녀들이 사고 싶은 것이 있어서 돈을 요구할 경우에도 선뜻 들어주어서는 안 됩니다. 항상 그 액수에 상응하는 일을 시키는 것이 좋습니다. 집 안 청소를 시켜도 되고, 며칠간 설거지를 시킬 수도 있습니다. 또는 집 앞 청소를 시키는 것도 괜찮은 방법입니다. 어쨌든 자신이 원하는 것을 얻기 위해서는 어떤 가치를 생산해야 한다는 노동의 원칙을 가르치는 것이 중요하니까요. 예쁘고 소중한 자녀라고 해서 아무런 대가도 없이 척척 돈을 주게 되면, 그 아이는 자기도 모르는 사이에 반사회적인 습성을 배울 수도 있다는 것을 명심하십시오.

아이를 데리고
남의 집을 방문할 때에도!

유대인 부모들은 '유아기의 자녀는 가급적 집 안에서만 키운다'는 것을 하나의 원칙으로 삼고 있습니다. 이 원칙은 도저히 불가피한 경우를 제외하고는 철저하게 지켜집니다. 그러므로 생후 1년 전후의 아이를 데리고 외출하는 일은 거의 없습니다. 더욱이 남의 집을 방문한다는 것은 생각지도 못할 일입니다. 혹시 누군가의 초대를 받더라도 유아기의 자녀가 있는 부모들은 정중하게 거절합니다. 그렇다고 없는 핑계를 만들어 내는 것이 아니라 아이 때문에 곤란하다는 것을 솔직하게 밝힙니다. 만일 초대한 사람이 유대인이라면 그들은 조금도 서운해 하거나 이상하게 생각하지 않습니다. 본인들도 유아기의 자녀가 있다면 똑같은 이유로 거절했을 테니까요.

더러는 아이와 함께 오라는 초대도 있습니다. 유대인일 수도 있지만, 대부분은 다른 민족의 부모들일 경우가 많습니다. 그들은 아이와 함께 남의 집을 방문하는 것을 조금도 이상하게 여기지 않습니다. 그런 까닭에 '아이 때문에' 사양하는 것을 이해하지 못하고 아이도 함께 오면 되지 않느냐고 종용하게 됩니다. 이럴 때에 유대인 부모들은 자신들의 원칙을 이야기하고 그들을 이해시킴으로써 가능하면 끝까지 사양합니다. 부득이한 경우에 아이를 데리고 방문했더라도 차 한 잔 마시는 정도의 시간만 보내고 바로 돌아옵니다. 절대로 남의 집에서 장시간 동안 머무는 법이 없습니다.

이처럼 유대인 부모들이 유아기의 자녀와 함께 남의 집을 방문하는 것을 꺼리는 이유는, 그것이 아이에게도 어른들에게도 괴로운 일이기 때문입니다. 어린아이들은 남의 집이라고 해서 예의를 차리는 것이 아닙니다. 아직 예의가 무엇인지도 모르는 나이이므로 당연한 일이지요. 오히려 늘 보던 것들이 아닌 생소한 풍경에 호기심이 발동하여 이리저리 돌아다니다가 물건을 넘어뜨리거나 깨뜨리기도 하고, 손대면 안 될 것을 가지고 놀기도 합니다. 부모는 물론 초대한 사람도 잔뜩 신경이 쓰일 수밖에 없습니다. 그러면 대부분의 부모는 자녀의 행동을 제지하기 위해 "안 돼!"를 되풀이하게 됩니다. 더러는 상대방에게 민망한 나머지 아이의 엉덩이를 때려서 온통 울음바다를 만들기도 합니다. 또 초대한 사람도 말로는 "괜찮아요. 애들이 다 그렇지요, 뭐."라고 하지만, 아끼던 물건이 깨지기라도 하면 내심 마음이 상하게 되는 것입니다. 그리고 아이는 아이대로 자기의 행동이 번번이 제지를 받게 되므로 짜증스러울 수밖에 없는 것이지요.

이쯤 되면 아이의 부모는 모처럼 초대를 받았지만 마음껏 즐기기가 어렵습니다. 아이의 행동을 제지하고 주의를 주느라, 결국 어른들끼리 충분한 대화도 나누지 못한 채 집으로 돌아오게 됩니다. 사뭇 즐거워야 할 외출이 아주 재미없게 되어 버리는 것입니다. 결국 유아기의 자녀를 데리고 남의 집을 방문하는 것은 누구에게도 도움이 되지 않는 일인 것입니다. 더구나 낮도 아니고 밤에 아이를 데리고 외출하는 것은 아이에게 벅찬 일일 뿐만 아니라, 규칙적으로 잠들고 일어나는 습관을 기르는 데도 방해가 되므로 삼가야 합니다.

또한 유아기는 아이의 인성을 형성하는 중요한 시기입니다. 낯선 환경에 자주 노출되면 정서적인 불안감을 갖게 될 수도 있으므로, 차라리 집에서 동화책을 읽어 주는 것이 아이에게나 부모에게나 행복한 시간이 될 것입니다. 그러므로 가능하면 어느 정도 아이가 자랄 때까지는 불필요한 외출을 삼가는 것이 좋겠습니다.

9장

결국 **스스로** 하게 하는 것이 **최고의 비법**

문제는 스스로 해결하게 하라 | 스스로 하는 공부가 진짜 공부!
아이는 아이답게 키우라 | 스스로 충분히 놀게 하는 것도 교육이다
아이가 스스로 시간을 관리하게 하라 | 공부를 평생의 습관으로 길들이라

문제는 스스로 해결하게 하라

지식과 지혜의 차이는 무엇일까요? 그것은 곧 문제 해결 능력의 차이라 할 수 있을 것입니다. 아무리 많은 지식을 쌓았다 하더라도 어느 날 갑자기 당한 위기의 순간에 그 지식을 활용할 수 없다면, 그것은 그저 지식일 뿐 지혜가 될 수 없습니다. 우리가 유대인 가정에서 배워야 하는 것이 바로 이 지식을 지혜로 바꾸는 교육입니다. 유대인 가정에서는 이미 세 살 때부터 영어와 히브리어 알파벳을 가르치면서 지혜 교육을 시작합니다. 아니, 지식을 먼저 교육하는 게 아니냐고 생각할 수 있지만 분명 지혜 교육을 먼저 시작합니다. 상식적으로 생각하기에 지식을 가르쳐서 그게 꽉 차면 지혜가 나올 것이라 여기지만, 이것은 잘못된 생각입니다. 이런 기준이라면 우리나라의 박사들은 모두 지혜로워야 할 것입니다. 하지만 그렇지 않다는 것은 더 이상 말하지 않아도 알고 있겠지요.

그렇다면 유대인들은 도대체 어떻게 세 살 때부터 지혜 교육을 하는 것일까요? 그것은 다름 아닌 앞에서도 이야기했던 질문과 대화식 교육에서 나타납니다. 유대인들은 세 살 때부터 아이들 교육을 시작하면서 절대 답을 가르쳐 주는 교육을 하지 않습니다. 그저 질문하고 또 질문하면서 스스로 답을 찾아내도록 하는 교육을 합니다. 이것이 왜 중요하냐 하면 이것이 곧 문제 해결 능력, 즉 지혜를 기르는 원천이기 때문입니다, 이제 유대인들이 왜 지혜 교육을 먼저 시작하는지 감이 오시나요.

유대인들이 이러한 지혜 교육을 가장 먼저 하는 데는 나름 이유가 있습니다. 이제 지혜가 생긴 아이들은 학교에 입학하여 공부할 때, 나아가 학교를 졸업하고 사회생활을 할 때에도 배운 지식을 활용하는 방법이 달라지게 됩니다. 남들보다 훨씬 빠르게 지식을 습득하고 또 이 지식을 활용하게 된다는 뜻입니다. 이것이 곧 유대인들이 어느 민족보다 앞서 가는 가장 큰 이유라고도 할 수 있습니다.

우리의 자녀들도 이처럼 지혜롭게 키우고 싶다면, 이제 아버지나 어머니가 아이의 문제를 해결해 주는 존재가 되어서는 절대 안 됩니다. 반드시 아이 스스로 문제를 해결하도록 해야 합니다. 이때 아버지나 어머니는 그저 아이의 상담자 역할만 해 주면 됩니다. 절대 부모가 아이의 문제를 해결해 주는 우를 범해서는 안 됩니다.

안타깝지만 오늘날 우리의 현실은 그렇지 못합니다. 우리나라의 아이 교육을 거의 전담하다시피 하는 어머니가 아이의 숙제까지 거의 해결해 주고 있는 것이 오늘날 우리의 현실이기 때문입니다. 아이가 수많은 학원을 오가고 거기에 많은 학교 숙제까지 해야 하니 어쩔 수 없다고 항변하겠지만, 이러한 부모의 행동이 결국 지혜롭지 못한 아이를 기르는 결과를 초래합니다. 지혜롭지 못한 아이가 나아가 창의적이지 못한 아이가 되는 것은 당연합니다. 하루빨리 새로운 가정교육의 패러다임으로 전환이 필요한 시점입니다.

이런 식이라면 창의적인 교육 면에서는 오히려 과거보다 못한 교육이라 하지 않을 수 없습니다. 과거에는 부모가 아이 교육에 관여할 여가조차 없었기에 아이 스스로 문제를 해결해 나갈 수밖에 없는 환경이었습니다. 그래서 어쩌면 그 시대에 자란 지금의 기성세대에 그렇게 인재가 많은지도 모릅니다.

아이에게 어떤 문제가 생겼을 때, 이제 아버지와 어머니는 한 걸음 뒤로 물러서 아이 스스로 문제를 해결할 수 있는 기회를 주십시오. 물론 처음부터 쉽지는 않을 것입니다. 최소한의 낚시 방법은 알려 주어야 할지도 모릅니다. 그렇더라도 절대 부모가 문제 해결에 관여하지는 마십시오. 이것이 점점 익숙해지면 이제 당신의 아이는 점점 창의적인 아이로 변모해 갈 것입니다.

스스로 하는 공부가 진짜 공부!

과거에 한창 자기 주도 학습이라는 공부법이 유행했습니다. 정부에서도 교과 과정에 '자기 주도 학습'이라는 타이틀을 붙여 이를 권장하기도 할 정도였습니다. 그런데 지금 주변을 돌아보면 언제 자기 주도 학습이라는 말이 있었나 싶을 정도로 자기 주도 학습 분위기는 싸늘합니다. 오히려 학원 위주의 공부법이 여전히 성행하고 있습니다.

자기 주도 학습이란 무엇일까요? 그것은 아이들이 공부할 때에 선생님의 도움 없이 스스로 공부하는 학습법을 뜻합니다. 사실 공부란 것이 남이 해 주는 것이 아니라 자기가 해야 한다는 점에서, 자기주도 학습은 권장해야 할 학습법임이 분명합니다. 그럼에도 불구하고 오늘날 우리의 학부모들에게 자기 주도 학습을 이야기하면 콧방

귀를 꾀는 사람이 대부분일 것입니다. 왜냐하면 현실에서 자기 주도 학습이란 거의 쉽지 않은 공부법이라 생각하기 때문입니다.

이런 문화는 오늘날 학원 문화가 낳은 우리의 모순이기도 합니다. 그저 학원만 다니면 일단 당장의 학교 성적은 보장할 수 있기 때문입니다. 부모와 아이들이 이처럼 학교 성적에 매달리는 이유는 뻔합니다. 좋은 학교에 진학하기 위함입니다. 그리고 좋은 학교에 진학하려는 목적은 당연히 좋은 직장에 들어가기 위해서입니다. 이처럼 우리나라의 교육은 오로지 좋은 학교, 좋은 직장에 초점이 맞춰져 있습니다. 온 나라의 부모와 아이들이 거의 모두 여기에 집중되어 있습니다.

안타까운 것은, 이런 교육 문화에서 미래의 대한민국을 먹여 살릴 힘의 원천이 될 '창의력'을 기대할 수 없다는 데 있습니다. 획일적인 문화 속에서는 절대 새로운 것이 나올 수 없습니다. 다양성이 인정되는 문화 속에서 비로소 새로운 것이 나올 수 있는 법입니다.

이스라엘의 대학생들을 상대로 설문 조사를 벌인 일이 있다고 합니다. 졸업생들에게 학교를 졸업하고 무엇을 할 것이냐는 질문을 한 것입니다. 놀랍게도 80퍼센트가 넘는 학생들이 창업을 하겠다고 답했다 합니다. 어떻게 이런 결과가 나올 수 있는 것일까요? 우리나라에서는 상상도 할 수 없는 일일 것입니다. 아마도 우리나라의 경우, 대학을 졸업한 후에 창업을 하겠다 하면 거의 대부분 부모들이 말릴 것은 뻔한 이치입니다.

하지만 생각해 보세요. 그저 취직하여 남들과 똑같은 문화 속에서는 절대 창의적 인재가 나올 수 없습니다. 취업하는 사람이 있으면 자기만의 아이템으로 창업하겠다는 사람도 나와야 하는 것입니다. 그리고 수많은 창업 아이템 가운데 비로소 새로운 것이 탄생할 수 있는 것입니다.

이처럼 획일적인 문화에서 탈피할 수 있는 방법은 결국 자기 주도 학습에서 해답을 찾을 수 있다고 생각합니다. 스스로 공부하는 힘을 기르다 보면 정말 자기 속에서 원하는 일이 무엇인지 발견할 수 있기 때문입니다. 사람이 원하는 일은 획일적으로 나타나지 않고 다양하게 나타나게 마련입니다. 우리 사회의 직업들이 다양하게 돌아가는 것도 바로 이런 원리 때문입니다.

무엇보다 스스로 공부하는 것에 익숙해지면 비로소 공부가 재미있어집니다. '진짜 공부는 진실한 시간에 비례한다'는 말이 있는데, 스스로 공부하는 것에 익숙해지면 공부가 재미있어지기 때문에 단 한 시간을 공부하더라도 진실한 시간을 투자하게 됩니다. 결국 이것은 선순환을 이끌어 내어 자신의 실력으로 이어집니다. 나아가 공부의 결과가 좋게 되니 결국 좋은 학교에 진학하는 것도 오히려 더 쉬워질 것입니다. 그리고 자신이 원하는 성공의 고지에 오르는 길도 더욱 가까워질 것입니다.

또 스스로 공부하는 방법은 자신만의 방식으로 사고하는 힘을 길러 주기 때문에, 결국 다양한 생각의 상상력으로 이어질 수 있습니다. 이것은 결국 '창의력'이라는 또 다른 이름으로 나타나게 됩니다. 결국 자기 주도 학습이야말로 아이의 실력을 키워 주는 것은 물론 창의력까지 더해 줘, 내 아이를 진정한 성공자로 만드는 지름길인 셈입니다.

만약 진정으로 내 아이를 창의적인 아이로 키우고 싶다면, 당장 학원에 의지하는 교육법에서 벗어나 자기 주도 학습을 하는 아이로 바꿀 수 있도록 노력하기 바랍니다.

아이는 아이답게 키우라

요즘은 마치 아이들의 세상인 것처럼 보입니다. 갖가지 유행을 주도하는 것은 물론 광고를 포함한 각종 매체나 문화도 아이들 위주로 흐릅니다. 또한 인터넷을 통해 많은 정보를 얻기도 하지만, 청소년으로서 보아서는 안 될 성인 문화도 거리낌없이 접하고 있는 게 현실입니다. 그뿐만 아니라 아이들의 소비는 마르지 않는 샘과도 같아서 그 아이들이 가는 곳은 언제나 호황을 이룹니다. 물론 시대가 변함에 따라서 사람들의 살아가는 모습이나 가치관도 조금씩 달라지게 마련이지만, 우리 아이들이 갈수록 아이다움을 잃고 겉늙어 보이는 이유는 대체 무엇일까요?

'자기다운 것이 가장 아름다운 것'이라는 격언이 있습니다. 곧 아이는 아이다워야 하고, 어른은 어른다워야 한다는 지극히 평범한 말입니다. 그러나 이 이야기를 곰곰이 생각해 보면 평범 속의 평범하지 않은 진리를 깨닫게 됩니다.

유대인 부모들은 어른과 아이의 세계가 전혀 다르다는 것을 자녀들이 항상 느끼도록 하는 교육을 합니다. 그럼으로써 호기심 많은 자녀가 어른의 세계를 기웃거리지 않도록 경계하는 것입니다. 『구약성서』를 보면 부모는 자녀에 대해 절대적인 권한을 가지고 있다고 합니다. 그들이 자녀들로 하여금 어른의 세계에 가까이 오지 못하도록 하는 것은 바로 이러한 권한을 분명히 하기 위해서입니다.

어느 유대인 어머니의 예를 들어 보겠습니다. 그녀에게는 열세 살과 여덟 살 먹은 딸이 있습니다. 그런데 작은딸이 유독 멋 내는 데 민감해서, 텔레비전이나 잡지를 보다가 새로운 머리 모양을 발견하면 그 머리를 하고 싶다고 어머니에게 졸라댑니다.

"저도 미장원에 데려가 주세요. 머리 모양을 바꾸고 싶어요."

이때 그녀의 대답은 언제나 같습니다.

"그래, 네 마음은 알겠다. 그렇지만 네가 어른이 된 다음에 네 돈으로 미장원이든 어디든 마음껏 다녀라. 지금은 안 된다."

그러고는 그녀가 직접 딸의 머리를 잘라 줍니다. 더러 큰딸과는 함께 미장원에 가는 경우가 있는데, 그때도 머리를 자르는 것 이외에는 허락하지 않습니다. 물론 작은딸과 같은 이유에서입니다. 또 그녀의 딸들은 화장품에도 관심이 많습니다. 이따금 어머니의 립스틱을 바르고 싶다면서 떼를 쓰곤 하지만 그녀는 절대로 들어주지 않습니다. 다만 1년에 한 번 정도 있는 축제일에는 이를 허락합니다. 그날은 딸들도 정장을 입어야 하기 때문입니다. 이렇게 해서 단 하루만 화장을 하게 할 뿐, 그날이 지나면 다시 화장품에 손대지 못하게 합니다.

　　반면에 미국의 경우는 좀 다릅니다. 더러는 유아용 화장품도 있고, 중학생만 되어도 화장을 합니다. 방과 후나 일요일에 외출이라도 할라 치면 어른들이 무색할 정도로 화장을 하고 나섭니다. 물론 대부분의 학생들은 가벼운 화장에 그칩니다. 하지만 화장을 너무 일찍 시작하는 것임에는 틀림없습니다. 한편, 유럽의 여대생들은 학교에 갈 때에 전혀 화장을 하지 않는다고 합니다. 이는 공부에 방해가 될 뿐만 아니라 경제적인 이유 또한 크다고 합니다. 그렇다고 아예 화장을 안 하는 것은 아니고 특별한 외출이나 행사가 있을 때에는 꼭 한다고 합니다.

　　흔히 어른들에게나 어울릴 만한 겉치장에 신경을 쓰는 아이들도 있습니다. 더욱 이해할 수 없는 것은 그런 아이를 자랑스럽게 여기는 부모도 있다는 것입니다. 간혹 부모와 자식 사이의 경계선까지도 없애는 것을 신세대적 관계로 여기는 사람들이 있는데, 이는 잘못된 생각입니다. 부모와 자식 사이의 관계에는 어느 시대에도 변하지 않는 본질적인 것이 있습니다. 그럼에도 불구하고 어른의 세계에 열중하는 자녀를 대견하게 여기는 부모가 있다면 참으로 안타까운 일이 아닐 수 없습니다. 그래서야 부모를 존경하라고 가르친다는 자체가 대답 없는 메아리에 불과할 것입니다. 평소 '아이는 미숙한 어른이 아니라 어른과는 전혀 다른 위치에 있다'는 것을 깨닫게 해 주어야 합니다. 그렇지 않으면 가정의 질서가 유지되지 않기 때문입니다. 아이는 아이답게 키우십시오. 그래야 그 아이가 훗날 자라서 어른다운 어른이 될 수 있다는 것을 항상 기억하세요.

스스로 충분히 놀게 하는 것도 교육이다

아이들은 천성적으로 노는 것을 좋아합니다. 고작 걸음마를 배웠을 뿐인데도 툭하면 밖으로 나가자고 졸라댑니다. 자기가 걷는다는 사실이 못내 신기한 모양입니다. 그러나 바깥 세상의 위험에 대해서는 전혀 알지 못하기 때문에 이리저리 뒤뚱거리다가 걸려서 넘어지기가 일쑤입니다. 엉덩이가 아파서 울기도 하고, 이마를 다치는 바람에 부모들의 가슴을 철렁하게 만들기도 합니다. 그러나 아이들은 여전히 즐겁습니다.

어떤 부모들은 아이의 안전을 위해 집 안에서만 놀게 합니다. 그러고는 온갖 장난감들을 사다 줍니다. 물론 아이에게 장난감은 좋은 친구입니다. 또 때로는 장난감을 갖고 놀면서 새로운 지식을 배우게 되는 경우도 있습니다. 하지만 장차 아이들이 살아갈 세상을 보여 주는 일보다 더 나을 수는 없습니다.

아이들은 바깥 놀이를 통해 새로운 세상에 눈을 뜹니다. 또래 아이들과 어울리면서 사회를 미리 경험하며, 이러한 경험은 아이의 정서나 성격에 반영되어 어른이 되어서도 그대로 남는 경우가 많습니다. 그러므로 어린 자녀에게 조기 교육이라는 이름으로 지적 학습만 강요함으로써 놀이 시간을 빼앗는 일은 심각하게 고려되어야 합니다.

『탈무드』는 이를 경계하여 '너무 오래 앉아 있으면 항문에 나쁘다. 너무 오래 서 있으면 심장에 나쁘다. 그리고 너무 오래 걸으면 눈에 나쁘다(너무 오래 걸으면 눈에 나쁘다고 한 것은 이스라엘이 사막의 나라이므로, 집 밖에 오래 나와 있으면 모래가 눈에 들어가기 때문). 그러므로 이 세 가지를 적당히 조화시켜야 한다.'라고 가르칩니다. 이는 모든 일을 행함에 있어서 어느 한쪽에 치우치지 말고 균형을 유지해야 한다는 교훈입니다. 자녀들에게 진정 필요한 것은 부모들의 균형 있는 교육관입니다. 매사가 그렇듯이 균형 감각이란 인격과 지식을 골고루 갖춘 자녀를 원하는 부모에게는 더욱 중요한 덕목이 아닐 수 없습니다.

초등학교 6학년짜리 딸을 둔 부모가 있습니다. 그들은 딸아이 때문에 정신과 의사를 찾았습니다. 수시로 긴장하고 자주 짜증을 내더니 걸핏하면 울기까지 하는 것이 날이 갈수록 심해진다는 것입니다. 그 아이는 매일 학교 수업을 마치면 수학 학원과 피아노 학원에 다녔다고 합니다. 일주일에 한 번은 영어 학원에 가고, 글짓기 교실에도 두 번씩 갑니다. 토요일이면 혼자 사시는 할머니 댁에 들르는 것도 거를 수 없는 일과입니다. 게다가 날마다 해야 할 학교 숙제도 만만치 않았습니다. 겨우 열두 살밖에 안 된 아이의 일과치고는 지나치게 빡빡합니다. 당연히 심한 피로나 스트레스에 시달릴 수밖에 없습니다. 그러나 부모는 아이의 과외 수업을 줄이라는 주변 사람들의 충고에도 꿈쩍하지 않았습니다. 아이가 배우는 모든 것이 아이에게 중요하다는 생각을 끝내 버리지 못했던 것입니다.

이것은 우리 주위에서도 흔히 볼 수 있는 일입니다. 형편이 어려운 집에서도 최소한 영어나 수학 학원만이라도 보내기 위해 애를 씁니다. 모든 아이들이 하고 있는데 우리 아이만 시키지 않으면 뒤처질지도 모른다는 불안감 때문에 아이들에게 쉴 틈을 주지 않는 것입니다. 사실 우리나라의 사회 구조적인 문제를 생각해 보면 이러한 불안감을 이해할 수도 있습니다. 좋은 대학에 진학해야만 마음에 드는 직장을 얻을 수 있고, 그래야만 수월한 삶을 살 수 있다고 생각하는 것이 우리의 현실이기 때문입니다.

그러나 앞으로는 이러한 고정관념을 버려야 합니다. 미래 사회에는 또 다른 가치에 의해 새로운 직업들이 생겨날 것이기 때문입니다. 즉, 독특한 아이디어 하나만으로도 성공할 수 있는 사회적 조건이 완벽하게 갖추어질 것입니다. 결국 부모의 잣대에 의한 불균형적인 교육은 아이를 혹사시킬 뿐, 장차 다가올 변화에 적응할 수 있는 능력을 키워 주지는 못합니다. 또한 자녀의 학습 능력을 고려하지 않은, 부모의 지나친 요구는 오히려 정반대의 결과를 초래할 수도 있습니다. 제아무리 많이 배운다 해도 부모의 강요에 의한 학습은 자녀 본인의 것이 되기 어렵습니다. 부모의 역할은 일생 동안 계속되는 것입니다. 자녀가 대학을 졸업할 때까지 또는 결혼할 때까지로 한정되어 있는 것이 아닙니다. 그러므로 일정한 기간 안에 모든 것을 가르쳐 주려고 안달할 필요가 없습니다. 어차피 인간은 평생을 배우지 않으면 안 되는 존재입니다.

유대인 부모들은 자신이 아무리 나이를 먹더라도 부모로서 자녀의 교육을 계속하고 있다는 것을 자랑으로 삼습니다. 또한 비록 나이가 들었어도 자녀들이 돌봐 주기를 원하지도 달가워하지도 않습니다. 이처럼 부모는 부모, 자녀는 자녀의 역할을 평생 동안 하는 것으로 믿습니다. 자녀들에게는 미래에 대한 긴 안목으로 교육에 임합니다. 그들은 자녀 교육 문제를 두고 결코 서두르지 않습니다. 평생을 두고 해야 할 공부이기 때문에 유아기처럼 놀아야 할 시기에는 마음껏 놀게 하는 것입니다. 그 후에는 고된 학문의 연속이므로 그 시기를 빼앗으면 다시는 놀 수 없기 때문입니다.

적당한 놀이는 아이들의 정서 함양에 아주 중요한 요소입니다. 따라서 놀지 못하게 하고 공부만을 강요한다는 것은 결코 현명한 처사가 아닙니다. 참다운 학문이란 비로소 성인이 된 다음에 하는 것입니다. 만일 당신의 자녀가 행복한 미래를 맞이하길 바란다면, 지금 당장 '놀이'에 대한 욕구를 충분히 채워 주도록 하십시오.

아이가 스스로 시간을 관리하게 하라

유대인 자녀들은 저녁에 아버지가 집에 돌아올 시간이 되면 모두 샤워를 하고 깨끗한 옷으로 갈아입습니다. 그 이유는 가정을 위해 열심히 일하고 돌아오는 아버지에 대한 예의와 감사의 표현이기도 하지만, 곧 가족의 단란한 저녁 식탁이 마련되기 때문입니다. 이처럼 미리 준비하는 습관 덕분에 대개의 유대인 가정은 저녁 시간을 알차고 유익하게 보냅니다.

철저한 시간 개념은 유대인들의 장점 중 하나입니다. 그들은 어릴 때부터 모든 일을 정해진 시간 안에 마치는 훈련을 받습니다. 부모에게서 시간의 중요성을 배우면서 자랐기 때문에 스스로 약속된 시간을 지키는 습관을 익히게 된 것입니다. 그래서 유대인이라면 누구나 규칙적인 생활에 잘 적응합니다. 또 규칙적인 생활을 유지하기 위해 미리 준비하는 습관 또한 철저합니다. 이와 같이 유대인의 정확한 시간 개념은 안식일이 되면 더욱 빛을 발합니다. 그들의 안식일은 금요일 저녁부터 토요일 해지기 전까지로, 다른 나라 사람들과는 하루의 개념이 다릅니다. 그들의 하루는 어둠으로부터 시작하여 밝은 것으로 끝나는 것입니다. 또 낮과 저녁의 구별은 하늘에 별 세 개가 보이는 것을 기준으로 합니다.

그들은 금요일이 되면 오전에 모든 일을 마무리합니다. 누구나 안식일 전에 모든 일을 끝내야 하므로 엿새 동안 어른들은 부지런히 일하고, 아이들은 더욱 열심히 공부합니다. 그리고 금요일에는 학교를 마치자마자 서둘러 집으로 돌아옵니다. 얼른 숙제를 마치고 깨끗하게 목욕을 한 뒤, 미리 준비해 두었던 검은 양복과 흰 와이셔츠에 넥타이까지 맵니다. 모든 준비는 해가 지는 것과 함께 어머니가 양초를 켤 때까지 끝내야만 합니다. 아무리 어린아이라고 해도 걸을 수 있으면 예외가 없습니다. 이런 까닭에 유대의 아이들은 늘 시간과 경쟁을 하고 있다고 해도 과언이 아닙니다. 이처럼 아주 어릴 때부터 시간 개념을 익히기 때문에 어른이 되어서도 항상 규칙적이고 절도 있는 생활을 할 수가 있는 것입니다.

유대교의 축제 때에도 아이들은 약속을 지키는 인내를 배우게 됩니다. 예를 들어 봄의 축제인 유월절에는 고난의 상징으로 누룩 없는 '마짜'와 쓴 나물만을 먹어야 합니다. 흔히 먹는 빵이나 다른 음식들은 먹을 수가 없습니다. 그러므로 샌드위치나 햄버거 등을 좋아하는 아이들로서는 여간 괴로운 일이 아닙니다. 하지만 유대인으로서 7일간의 축제 기간 동안에는 다른 것을 먹고 싶은 욕구를 참아야 할 의

무가 있습니다. 이런 과정을 통하여 아이들은 정해진 약속을 지킨다는 것의 의미를 이해하게 되는 것입니다.

유대인에게 있어 삶이란 시간을 지키는 일의 연속입니다. 그들은 불교의 윤회나 기독교의 내세를 믿지 않기 때문에, 자기에게 주어진 짧은 삶을 어떻게 하면 낭비하지 않고 보람 있게 살아갈 수 있느냐가 가장 중요합니다. 그런 이유로 성년식 때의 선물도 손목시계를 주는 것이 보통입니다. 늘 차고 다니는 손목시계를 줌으로써 시간 개념이 철저한 사람이 되라는 것입니다. 그들에게는 '내일은 또다시 내일의 태양이 뜰 거야!'라는 식의 사고방식이 없습니다. 오늘을 어떻게 보낼 것이라는 분명한 계획이 있으므로 막연하게 내일을 기다리는 경우를 보기가 어렵습니다.

대부분의 부모들은 자녀가 열심히 공부하기를 바랍니다. 그래서 책상 앞에 앉기만 하면 저절로 공부가 되기라도 하는 것처럼 아이를 붙들어 앉히려고 안간힘을 씁니다. 그러니 능률적으로 공부하는 방법에 대해서는 생각할 겨를도 없지요. 또 아이는 아이대로 학습 계획을 철저하게 세워 놓기는 했지만 잘 지켜질 리가 없습니다. 자꾸만 밀리는 계획을 이리저리 고쳐도 보지만 이내 싫증을 내게 됩니다.

이와 같은 현상은 부모들이 자녀에게 시간을 관리하는 습관을 길러 주지 않았기 때문에 생기는 일입니다. 이러한 습관은 아이들이 학교에 입학한 후에는 이미 늦습니다. 유아기 때부터 차근차근 습관을 들이도록 해야 합니다. 이를테면 아이에게 식사 시간을 정해 주고 그 시간이 지나면 얼른 식탁을 치워 버립니다. 그러면 아이는 정해진 식사 시간의 의미를 깨닫고, 그 시간 안에 식사를 마치는 습관을 익히는 것입니다. 또 아침 시간에는 텔레비전을 보지 못하도록 합니다.

모두가 바쁘게 하루를 준비해야 하는 시간이므로 다른 것에 시간을 낭비하게 해서는 안 되는 것입니다. 아침 식사를 하면서 텔레비전을 보는 것도 주어진 식사 시간을 넘길 수 있으므로 아예 틀어 놓지 말아야 합니다.

이처럼 자녀들이 어릴 때부터 시간을 소중하게 생각하고 보다 효율적으로 관리할 수 있도록 가르치는 것도 가정교육의 중요한 덕목이라는 것을 잊지 마십시오.

공부를 평생의 습관으로 길들이라

학교를 졸업하면 모든 공부가 끝났다고 생각하는 사람들이 많은 것 같습니다. 대학 입학시험만 치르고 나면 아예 수업 자체가 이루어지지 않는 고3 교실도 그렇고, 대학 졸업과 동시에 공부와는 담을 쌓는 것도 그렇습니다. 왜 그럴까요?

유대인에게 '현인賢人은 없다. 단지 현명하게 공부하는 사람이 있을 뿐이다'라는 말이 있습니다. 이는 '사람은 평생 배우도록 만들어졌다'고 믿는 유대인들의 신념을 뜻하는 것입니다. 그들은 '제아무리 지혜가 넘치는 사람일지라도 배움을 중단해서는 안 된다. 그러면 그는 그때까지 배워 온 모든 것을 잃을 것이다'라고 생각하는 것입니다.

『탈무드』는 이를 경계하여 '20년 동안 배운 것을 2년 안에 잊는다'고도 하였습니다. 또 인간은 현명한 사람과 어리석은 사람으로 구분되는 것이 아니라, 배우고 있느냐 배우고 있지 않느냐에 따라 구분된다고 합니다.

『구약 성서』「신명기」에 보면 '오늘날 내가 네게 명하는 이 말씀을 너는 마음에 새기고 네 자녀에게 부지런히 가르치며……'라는 구절이 있습니다. 이 가운데 '마음에 새기고'란 히브리어는 '조각하는 것처럼'과 동일한 뜻으로, 보다 강한 교육의 필요성을 강조하는 것입니다. 갓 구워 낸 그릇과도 같은 아이의 마음에 깊은 가르침을 주기 위해서는 부모 스스로도 배우는 일을 게을리 해서는 안 된다는 뜻입니다. 유대인들에게 있어서 배움은 하느님을 믿는 것과 똑같은 의미를 지닙니다. 그들은 매일 교회에 모여 기도와 함께 공부를 합니다. 이렇게 항상 배우는 것에 열중함으로써 부모는 비로소 자녀들의 선생님이 될 수 있었던 것입니다.

『탈무드』에 보면 예로부터 유대인은 '책의 민족'이었다는 기록이 있습니다. 또 책은 모든 사람의 공유물이며, 그 모든 사람은 배움이라는 의무를 지고 있다는 가르침도 있습니다. 이는 수난의 역사를 견뎌 온 유대인들의 민족적 힘을 상징하는 것이기도 합니다. 이렇게 책의 민족임을 과시하는 전통은 유대인이 있는 곳이라면 어디든지 따라다닙니다. 아침 출근길에 전철 안에서도 『탈무드』를 읽고, 저녁 퇴근길에도 『탈무드』를 공부합니다. 안식일에는 몇 시간, 아니 하루 종일 『탈무드』에 빠져 있는 사람들도 있습니다. 사실 평생을 다 투자해도 『탈무드』 한 권을 끝마치기가 어렵기 때문에, 한 권을 독파했을 때의 기쁨은 유대인이 아니면 모르는 것입니다. 그래서 『탈무드』 한 권을 마칠 때마다 친척이나 친구들을 초대해 축하 파티를 연다고 합니다. 이를 통해서 자신의 배움에 대한 열정을 평생토록 연장시키는 것입니다.

그런데 어떤 나라에서는 모든 공부가 시험만을 위한 것처럼 보입니다. 물론 다 그런 것은 아니지만 대부분의 가정이나 학교에서 아이들에게 갖는 최대 관심사는 오로지 시험을 잘 보는 것, 그래서 남들이 부러워하는 명문 대학이나 회사에 취직하는 것이 아니었던가요? 그러다 보니 전인 교육이니 평생 교육이니 하는 것들은 한쪽으로 밀려나고, 그저 시험에 잘 나오는 문제를 익히는 데만 급급했던 것 같습니다.

교과서나 참고서의 내용을 열심히 공부하여 원하는 학교에 진학할 수는 있을 것입니다. 그러나 이런 경우, 빠른 시간 안에 좋은 성적을 낼지는 모르지만 더 깊은 학문의 세계로 들어가기에는 어려움이 많습니다. 예를 들어 뛰어난 성적으로 고등학교를 졸업하고 명문 대학에 들어간 학생이 있다고 합시다. 워낙 공부를 잘하고 성실했던 터라 아무런 문제도 없어 보였습니다. 그런데 의외로 신입생 초기에 교수님의 강의를 제대로 소화하지 못해서 애를 먹습니다. 바로 시험만을 위한 암기식·객관식 학습에 너무 길들여져 있었기 때문입니다. 대학 교육이 그렇듯이, 자기 스스로 사고하고 분석하며 정리하는 능력이 부족했던 것입니다. 그 학생은 다행히 무리 없이 잘 적응했습니다. 그런데 만일 그 고비를 넘기지 못하고 좌절했다면 그 학생의 미래는 과연 어떻게 되었을까요?

옛 속담에도 있듯이 '발등에 떨어진 불'도 물론 중요합니다. 그렇다고 시험이 인생의 전부인 양 한 치 앞만 보며 살아가는 학생들을 보면 참으로 안타깝습니다. 오늘의 시험도 중요하지만 세상을 지혜롭게 살아가기 위해선 그보다 더 소중한 것들이 아주 많으니까요. 또 그 어려운 대학 입학시험을 통과하고 나면 더 이상 공부에 대한 의욕을 잃고, 카드놀이나 스포츠 등으로 대학 시절을 보내는 학생들도 적지 않습니다. 대학생들 가운데에는 경제적인 사정으로 휴학하는 경우도 많지만, 학교 공부를 따라갈 수 없어서 도피하는 심정으로 휴학하는 학생들도 꽤 많다고 합니다. 이런 까닭에 대학을 졸업하고 사회로 진출하기 위한 입사시험조차 과외를 받는 웃지 못할 일이 벌어지기도 합니다.

이제부터라도 배움을 직업이나 결혼을 위한 수단에 불과한 것으로 여겨서는 안 되겠습니다. 나중에 그들이 부모가 되었을 때를 생각해 보십시오. 그나마 십수 년 동안 학교에서 배운 것은 모두 잊어버리고, 마치 공부와는 전혀 인연이 없는 사람처럼 되어 버렸음을 깨닫게 될 것입니다. 그리고 자기 부모가 자신에게 그러했듯이, 자녀들을 시험 잘 치르는 기계로 만들려고 한다면 얼마나 슬픈 일이겠습니까? 어쩌면 이런 부모들은 자기가 못다 한 것을 자녀들이 해 주면 하는 기대를 갖고 있을지도 모릅니다.

부록

창의적 인재를 키워 낸
부모에게서 배우기

내 아들은 내가 더 잘 안다
— 피카소의 아버지

아이의 미래는 어려서부터 부모가 그의 능력을 어떻게 평가하느냐에 따라 좌우됩니다. 가능성이 보이는 아이에게 용기를 주고 무엇이든지 할 수 있다는 믿음을 주면, 아이는 커 가면서 큰 능력을 발휘하게 됩니다. 반면에 아무리 풍부한 소질을 갖고 있는 아이라도 부모의 믿음과 지지가 없다면, 봉오리도 맺지 못한 채 사그라지고 말 것입니다.

대표적인 추상파 화가 피카소 역시 부모의 전폭적인 지지에 힘입어 능력을 키운 경우입니다. 그의 부모는 지나치다 싶을 정도로 자식에게 일방적인 지지와 격려를 보내 주었습니다. 어려서부터 그림 그리는 것을 좋아한 피카소는 읽기·쓰기·산수 등은 아예 신경도 쓰지 않고, 교과서 여백을 온통 그림으로 채울 만큼 그림 그리는 일에만 열중했습니다. 심지어 알파벳의 순서조차 기억하지 못할 정도였다고 합니다. 이럴 때에 보통 부모라면 어떻게 했을까요? 아마도 속상한 나머지 그런 것도 못하느냐고 아이를 야단쳤을 것입니다.

하지만 피카소의 부모는 전혀 그렇지 않았습니다. 학교를 파하고 집에 돌아온 피카소가 오후 내내 그림을 그려도 전혀 간섭하지 않았으며, 오히려 아무 방해도 받지 않고 열중할 수 있도록 도와주었습니다. 피카소가 열 살 되던 해에 그의 아버지는 자신이 교사로 있는 미술 학교에 입학시킬 정도였습니다.

이렇게 피카소는 부모의 전폭적인 지지와 신뢰 속에 실력을 쌓으며 꿈을 이뤄 갔습니다. 아버지는 어린 피카소에게 이렇게 말했습니다.

"네가 군인이 되면 반드시 장군이 될 것이다. 그리고 만약 신부가 된다면 로마 교황이라도 할 수 있단다."

그는 아들이 학교에서 아무것도 배워 오지 않더라도 무엇이든지 알고 있고 할 수 있다고 믿었습니다. 어쩌면 자식이 계속해서 그림을 그린다면 세계 최고의 화가가 되리란 것도 믿어 의심치 않았겠지요.

결국 부모의 이러한 믿음과 확신이 피카소의 능력을 최대한 개발할 수 있게 한 원동력이 아닐까 생각됩니다. 부모는 자기 자식의 능력을 과대평가해도 좋습니다. 자식이 어느 정도의 잠재 능력을 갖고 있는지도 모르면서, 오히려 과소평가하여 어느 한계 속에서만 자식을 본다면 그 부모야말로 어리석은 부모가 아닐까요?

부모는 신념과 용기, 그리고 자신감으로 마음을 채워야 합니다. 이런 마음을 바탕으로 한 확신이 자식에게 전해졌을 때, 자식은 기대 이상의 능력을 발휘할 수 있는 것입니다.

꿈에 날개를 달아 주다
— 라이트 형제의 부모

1903년, 미국의 키티호크 해변에서 인류 최초의 비행이 이루어졌습니다. 이 역사적인 사건의 주인공은 '라이트 형제'로 알려진 윌버 라이트와 오빌 라이트였습니다. 라이트 형제는 이때 자신들이 직접 만든 동력 비행기인 '플라이어 1호'를 타고 인류 최초로 비행에 성공한 것입니다.

인류에게 보다 나은 도약의 계기를 마련해 준 조종사 겸 발명가인 이 위대한 인물들은 목사의 아들로 태어났습니다. 형제는 어릴 때부터 기계를 만지고 무언가를 만드는 일에 남다른 흥미를 갖고 있었지요.

형 윌버가 열 살, 동생 오빌이 여섯 살 되던 해였습니다. 형제의 어머니인 수전 라이트 여사는 아이들을 데리고 마이애미 강가로 소풍을 갔습니다. 이날따라 아버지인 라이트 목사는 볼일이 있어서 일찍부터 집을 나섰고, 아이들은 어머니와 함께 강기슭에 있는 호수에서 낚시를 하며 놀았습니다.

형제가 한창 낚시에 열을 올리고 있을 때였습니다. 어디선가 커다란 물새 한 마리가 날아와 호수를 한 바퀴 빙 돌더니, 순식간에 물고기 한 마리를 부리로 물어 올리고는 다시 하늘 높이 비상하는 것이었습니다. 어린 라이트 형제에게 이 광경은 입이 딱 벌어질 만큼 충격적이었습니다.

하늘을 나는 새!

끝 간 데 없이 펼쳐진 창공을 향해 힘차게 비상하는 새의 자유로운 날 갯짓이 이들에게는 자유와 꿈의 상징처럼 보였을지도 모릅니다. 그날 온 종일 이 두 형제의 관심사는 오로지 하늘을 멋지게 나는 새에 관한 것뿐 이었습니다. 그들은 어머니에게 이렇게 물었습니다.

"새는 어떻게 하늘을 날아요?"

"날개가 있어서 날 수 있는 거란다."

"그럼 우리도 날개만 있으면 날 수 있겠네요?"

형 윌버의 말에 어머니는 웃음을 터뜨렸습니다.

"날개 달린 사람이 어디 있니?"

그러나 윌버는 여전히 진지한 얼굴로 이렇게 말했습니다.

"만들어서 달면 되죠!"

오빌도 형의 말에 적극 동의하는 듯 두 눈을 반짝거렸습니다. 사실 이 들 형제는 이보다 훨씬 어렸을 때부터 뭐든 만들기를 좋아했습니다. 그래 서 이웃집 아이가 좀 특이한 장난감을 갖고 있으면, 그것을 사 달라고 부 모를 조르는 대신 자기들이 직접 만들어 보려고 했습니다. 그러니 집 안 은 온통 아이들이 얼기설기 만들어 놓은 공작품들로 어지러울 지경이었 지요. 그러나 라이트 형제의 어머니는 결코 아이들이 쓸데없는 짓을 해서 집 안을 지저분하게 만든다고 야단치지 않았습니다. 오히려 무엇인가를 자꾸 만들어 내려는 아이들의 창의력을 존중하고 부추겼지요. 특히 이날

강가에서 아이들이 사람도 새처럼 날개를 만들어 달면 하늘을 날 수 있다고 생각하며, 사뭇 진지하게 그 방법을 궁리하는 모습을 보고는 깊은 인상을 받았습니다. 다른 어머니들 같으면 이럴 때에 별 엉뚱한 녀석들 다 보겠다며 흘려버렸을 일일 텐데도 말입니다. 수전 라이트 여사는 그날 있었던 일을 남편인 라이트 목사에게도 이야기해 주었습니다. 라이트 목사 또한 그 이야기를 무심코 흘려듣지 않았지요. 수전 라이트 여사는 공작에 흥미를 보이는 아이들을 위해 같이 썰매도 만들어 보고, 작업에 필요한 몇 가지 요령을 알려 주기도 했습니다.

그 얼마 후에 라이트 목사는 두 아이들이 깜짝 놀랄 만한 선물을 집으로 가져왔습니다. 아버지가 아이들을 위해 사 온 것은 대나무 조각으로 만든 장난감이었는데, 앞뒤에 한 쌍씩 날개가 달려 있었습니다. 아버지는 그 장난감을 갖고 노는 방법을 알려 주기 위해 날개에 연결된 고무줄을 마치 벽시계의 태엽을 감듯 팽팽하게 감은 뒤에 손을 탁 놓았습니다. 순간 그 대나무 장난감은 날개를 돌리며 공중으로 솟구쳐 올랐습니다.

"야, 하늘을 나는 장난감이다!"

윌버와 오빌은 좋아서 어쩔 줄을 몰라했습니다. 대나무 장난감은 풍뎅이처럼 붕붕거리며 날다가 떨어졌습니다. 그러자 형제는 손뼉을 치며 탄성을 질러댔습니다.

"이 장난감 이름이 뭐예요?"

형제가 서로 약속이나 한 듯이 아버지에게 물었습니다. 그러자 아버지는 이렇게 대답해 주었습니다.

"헬리콥터란다."

이 헬리콥터 장난감은 1869년, 프랑스의 어떤 학자가 헬리콥터의 원리를 응용해 만든 것이었습니다. 그것이 미국으로 흘러 들어온 것은 1877년 경이었기 때문에 대부분의 미국 아이들은 그때까지 구경 한 번 못한 터였습니다.

이튿날부터 윌버와 오빌은 그 장난감을 가지고 노느라 시간 가는 줄도 몰랐습니다. 형제는 서로 누가 더 높이 날리는지 시합을 하기도 하고, 그렇게 놀다가 지치면 나란히 풀밭에 누워 공상에 잠기기도 했습니다.

"형, 우리한테도 날개가 있으면 좋겠지?"

"그래, 너랑 나랑 나란히 하늘을 날아다니게 말이야."

사이좋은 형제의 꿈은 오직 한 가지, 하늘을 나는 것이었습니다. 그들은 그리스 신화에 나오는 이카로스의 전설을 떠올리며 언젠가는 자기들도 멋진 날개를 달고 하늘을 날아오를 수 있기를 꿈꾸었습니다. 뜻밖에도 형제의 꿈은 아주 우연한 계기로 인해 이루어졌습니다. 형 윌버가 장난감을 하나하나 분해해 보며 관찰하려다, 그만 날개 부분의 대나무 조각이 탁 퉁기면서 종이가 쭉 찢어졌습니다. 장난감이 산산조각이 난 것입니다. 오빌이 그것을 보고 울음을 터뜨린 건 당연한 일이었지요.

"울지 마, 우리가 새로 만들면 되잖아."

윌버의 말을 들은 오빌은 울음을 뚝 그쳤습니다.

형제는 일단 설계도부터 그렸습니다. 무엇을 만들 때에는 설계도부터 그려야 한다는 것을 어머니에게서 이미 배웠기 때문입니다. 형제는 용돈을 털어서 필요한 도구를 사들였습니다. 하지만 장난감 헬리콥터를 만드는 것은 그리 쉬운 일이 아니었습니다. 여러 차례 실패를 거듭한 끝에 일주일 만에 성공을 거둘 수 있었습니다. 새로 만든 장난감은 더 높이 날아올랐습니다. 여기서 더욱 힘을 얻은 형제는 장난감을 점점 더 크게 만들어서, 자신들이 탈 수 있는 큰 헬리콥터로 하늘을 날아 보겠다는 꿈을 갖게 되었습니다.

그로부터 몇 년 후, 독일의 릴리엔탈이라는 사람이 글라이더 시험 중 추락사하는 사고가 일어났습니다. 이 소식을 듣고부터 라이트 형제는 비행기에 관심을 갖기 시작했습니다. 이 무렵에는 그들도 어느덧 청년으로 성장하여 '라이트 상회'라는 자전거 판매점을 경영하고 있을 때였습니다. 윌버와 오빌은 성년이 되어서도 한곳에 살면서 늘 똑같은 희망을 꿈꿔 왔습니다. 그 희망이란 바로 하늘을 나는 비행기를 만드는 것이었지요.

자전거 판매상을 하면서도 라이트 형제는 비행기에 관한 실험과 연구를 계속했습니다. 1900년에 글라이더 1호기를 만들고 이어 2호기, 3호기를 만드는 데 성공했습니다. 그리고 1903년, 라이트 형제는 마침내 최초의 동력 비행기를 만들었습니다. 엔진이 달린 글라이더인 '플라이어 1호'를 타고 라이트 형제는 키티호크 해변을 날았습니다. 비행 시간은 12초, 날아간 거리는 불과 36미터였으나 이것은 인간 최초의 비행이었습니다. 세 번째 비행에서 드디어 100미터를 돌파했습니다. 이들 형제가 비행에 성공했다는 소식은 곧 세계 전역에 빅뉴스로 전해졌습니다. 온 인류가 흥분할 만큼 대단한 사건이었지요.

이때부터 라이트 형제는 프랑스에 라이트 회사를 세우고, 유럽 여러 나라를 돌아다니며 비행기로 하늘을 나는 시범을 보였습니다. 그 후에 그들은 '아메리칸 라이트 비행기 제작 회사'를 세웠으며, 오늘날까지도 세계 최초의 동력 비행기 발명가로 영원히 기억되고 있습니다.

하늘을 날고 싶다는 어릴 적 꿈을 현실로 이룬 라이트 형제의 위대한 업적 뒤에는, 일찍이 자식의 숨은 재능을 간파하고 도움을 아끼지 않았던 부모의 적극적인 격려가 있었습니다. 만약 그들이 쓸모없는 장난감 따위나 만들고 있다고 해서 그 부모들이 윽박지르며 하지 못 하게 했다면, 우리 인류가 비행기를 타고 하늘을 날 수 있는 기회는 좀 더 늦춰졌을지도 모릅니다. 더구나 그들 자신의 꿈은 영원히 묻히고 말았을지도 모릅니다. 부모의 역할이란 이렇듯 위대한 것입니다.

옛날이야기를 들려주다
— 안데르센의 아버지

덴마크의 동화 작가로 '근대 동화의 아버지'라고 불리는 안데르센은 비록 가난했지만 따뜻한 가정에서 자라났습니다. 아버지는 구두 수선공이었는데, 머리가 뛰어나고 문학에도 관심이 많아서 늘 이야기하기를 좋아했습니다.

"한스야, 오늘은 뱃사공 신드바드의 이야기를 들려주마."

아버지는 구두를 짓다가 말고 옆에 있던 한스에게 『아라비안 나이트』에 실려 있는 신드바드의 신나는 모험 이야기를 시작하는 것이었습니다. 이처럼 한스는 아주 어릴 적부터 늘 아버지의 이야기를 듣고 자랐습니다. 또 그의 아버지는 손재주가 뛰어나 한스에게 여러 가지 장난감을 만들어 주곤 했습니다.

하루는 아버지가 인형 몇 개와 인형극을 할 수 있는 작은 무대, 그리고 실을 잡아당기면 장면이 바뀌는 배경 그림 등을 만들어 주고는 한스에게 인형놀이를 가르쳐 주었습니다. 한스는 아버지에게서 배운 대로 이리저리 인형들을 움직여 갖가지 동작을 만들면서, 연극 배우의 목소리를 흉내 내어 대사도 읊었습니다. 그 후에 언젠가 아버지를 따라 극장에 가서 연극을 보게 되었고, 그때 한스는 자신도 연극 배우가 되면 좋겠다는 생각을 했습니다. 멋진 분장을 하고 무대 위에서 연기를 하는 배우들이 너무도 부러웠던 것입니다. 또한 배우는 갖가지 이야기들로 많은 사람들을 울리기도 하고 웃기기도 하는, 아무나 할 수 없는 독특한 재주를 가졌기 때문입니다.

한스의 이웃에는 점을 치고 예언도 하는 할머니가 살고 있었습니다. 하루는 그 할머니가 한스의 얼굴을 유심히 들여다보더니 말했습니다.

"흠, 너는 이다음에 훌륭한 인물이 되겠구나."

그 말을 듣고 한스 어머니는 할머니에게 좀 더 자세히 말해 달라고 했습니다. 예언가 할머니는 다시 한 번 한스의 얼굴을 들여다보고는 들뜬 목소리로 말했습니다.

"이 아이는 아름다운 들에서 자란 백조와 같아요. 언젠가는 하얀 날개를 활짝 펴고 하늘 높이 날아오르게 될 겁니다. 그러면 온 세상 사람들이 축하의 등불을 밝히고 기쁜 마음으로 맞이할 겁니다. 두고 보세요. 이 아이는 사람들에게 행복을 가져다 주는 사람이 될 테니까."

이때부터 어머니는 한스를 예사롭지 않게 보았고, 관심과 애정을 쏟았다고 합니다.

한스가 열한 살이 되던 해, 그토록 다정하고 가정에 성실했던 아버지가 세상을 떠나고 말았습니다. 가난했지만 늘 행복했던 한스의 집은 슬픔으로 가득 차고 말았습니다. 또 아버지 대신 가정을 책임져야 했던 어머니가 일을 하러 나가면 한스는 외톨이가 되어 집에 남아야 했습니다. 너무

가난해서 학교에도 가지 못했던 한스에게는 같이 놀아 줄 친구도 없었습니다. 그래서 집에서 그리 멀지 않은 오덴세 강가로 혼자 놀러 나가는 일이 잦았습니다. 그곳에서 흘러가는 강물을 바라보고 새들이 노는 모습도 지켜보았습니다. 또 풀잎으로 엮은 조그만 배를 만들어서 강물에 띄우며 놀기도 했습니다.

그러던 어느 날의 일이었습니다. 그날도 여느 때와 마찬가지로 풀잎 배를 만들어서 띄우려는데 갑자기 강물이 눈부시게 빛나는 것이었습니다. 한스는 놀라서 질끈 눈을 감았습니다. 그때 누군가의 목소리가 귓가에 속삭였습니다.

"한스야, 놀라지 말아라. 나는 노네바켄 언덕에 살고 있는 여신이란다. 네게 다른 사람들은 보지 못하는 이 세상의 아름다움을 볼 수 있도록 해 주마."

여전히 눈을 감고 있는 한스의 이마에 촉촉한 입술이 닿는 느낌이 전해졌습니다. 이윽고 여신의 목소리가 멀어져 가고 나서야 간신히 눈을 뜬 한스는 강가의 언덕을 바라보았습니다. 그곳에는 하얀 나비 한 마리가 한스를 향해 손짓이라도 하듯 나풀거리며 날아가고 있었습니다. 이 일이 있고 며칠 뒤에 한스는 어머니에게서 뜻밖의 말을 들었습니다.

"너도 이제부터는 다른 아이들과 함께 학교에 다녀라."

그토록 가고 싶었던 학교에 가라는 말에 한스는 두근거리는 가슴을 진정시킬 수 없을 만큼 기뻤습니다. 아버지를 잃고 더욱 어려워진 집안 형편 때문에 자신은 영영 학교에 다닐 수 없을 거라고 생각했기 때문입니다. 사실 한스가 다닐 학교는 빈민 가정의 아이들에게 무료로 공부를 가르치는 곳이었습니다. 그러나 한스는 조금도 개의치 않았습니다. 다른 아이들처럼 공부만 할 수 있다면 어떤 학교든 상관없었던 것입니다.

이렇게 해서 겨우 빈민 학교에 다니게 된 한스는 아버지를 닮았는지 머리가 좋아서 공부를 잘했습니다. 다만 수업 시간에 엉뚱한 생각을 하느라 딴전을 부리다가 선생님에게서 꾸중을 듣는 일이 잦았습니다. 아버지에게서 많은 이야기를 듣고 자란 때문인지 한 가지 생각을 하면 그것에 빠져서 넋을 잃기 일쑤였던 것입니다.

당시 한스의 담임 선생님은 가끔 시를 지어서 학생들에게 읽어 주곤 했습니다. 아버지도 한스에게 가끔 시를 들려주었지만, 그때는 너무 어려서 잘 이해하지 못했습니다. 하지만 이제 어느 정도 자란 한스인지라 선생님의 시구들이 가슴에 절절히 와 닿았던 것입니다. 그런 선생님을 존경스럽게 생각한 한스는 시를 쓴다는 것은 정말 훌륭한 일이라고 여기게 되었습니다. 그래서 자기도 시인이 되겠다고 결심했습니다. 선생님의 생일에는 축하의 시를 써서 드리기도 했습니다. 또 평소 알고 지내던 이웃집 소녀가 죽었을 때에는 그 소녀를 위한 시를 짓기도 했습니다.

한스의 마을에는 분케프로트라는 시인의 집이 있었습니다. 그러나 그는 이미 세상을 떠났고, 그의 부인과 누이동생만이 살고 있었습니다. 한창 시를 쓰는 일에 재미를 붙인 한스는 그 집에 자주 놀러 갔는데, 시인의 누이동생에게서 시에 대해 많은 이야기들을 듣게 되었습니다. 또 그 집에 있는 책들을 모조리 빌려다가 읽었는데, 특히 셰익스피어의 책들을 감명

깊게 읽었습니다. 그의 희곡들은 너무도 재미있어서 식사 때를 넘겨도 배고픈 줄을 모를 정도였습니다. 그리고 그 내용에 맞춰서 오래전에 아버지가 만들어 준 인형을 가지고 혼자서 일인 다역의 인형극을 열기도 했습니다. 열다섯 살 때에는 코펜하겐으로 가서 오페라 가수나 배우가 되기 위한 길을 모색했지만 뜻을 이루지 못한 적도 있었습니다.

결국 문학의 길로 들어서게 된 한스는 스물세 살이 되어서야 어렵사리 코펜하겐대학에 입학할 수 있었습니다. 그해에 처녀 시집을 낸 한스는 2년 뒤에 두 번째 시집을 발표했고, 서른 살에는 이탈리아를 무대로 한 소설 『즉흥 시인』을 발표했습니다. 이 작품은 독일 비평가들의 호평을 받았고, 덴마크 문단과 독자들이 그를 주목하기 시작하는 계기가 되었습니다.

이처럼 『즉흥 시인』 한 편으로 낭만파 작가의 대열에 선 한스는 그 후에 짧은 이야기들을 모아 출판하게 되었는데, 이것이 그 유명한 『안데르센 동화집』입니다. 그러나 당시의 덴마크 문단에서는 동화를 훌륭한 문학 작품으로 인정하지 않았기 때문에, 모두들 한스를 엉터리 작가로 몰아세웠습니다. 이러한 분위기에 충격을 받은 한스는 두 권의 동화책을 끝으로 다시는 동화를 쓰지 않겠다고 결심했습니다.

그런데 뜻밖에도 시중에 나온 한스의 동화책이 날개 돋친 듯 팔리는 것이었습니다. 그의 동화에는 소설에서 느낄 수 없는 아름다움과 이야기의 향기가 들어 있어서 어린이들은 물론, 어른들도 무척 좋아했던 것입니다.

그 후 한스는 『인어 공주』, 『그림 없는 그림책』, 『미운 오리 새끼』 등 오늘날까지도 많은 사랑을 받고 있는 명작 동화들을 썼습니다. 100여 편에 이르는 그의 동화들은 각국의 언어로 번역되어, 세계의 어린이들에게 꿈을 심어 주었습니다. 그중 한스 자신의 삶을 그린 자전적인 동화『미운 오리 새끼』는 특히 유명합니다.

평생 결혼하지 않고 동화 속에서 살았던 안데르센은 1875년에 세상을 떠났지만, 오늘날에도 전 세계 어린이와 어른들에게 순수에 대한 무한한 꿈을 주는 사람으로 기억되고 있습니다.

살아 있는 연기 교과서
— 채플린의 어머니

배우 찰리 채플린의 상징적인 이미지는 부랑자의 모습입니다. 그는 자신의 이런 설정에 대해 "갑자기 생각이 떠올라 연출하게 되었습니다."라고 말했습니다. 하지만 좀 더 그에게 접근해 보면, 거기에는 가난하고 비참했던 어린 시절의 체험이 깊이 반영되어 있다는 것을 알게 됩니다. 그는 어른이 되어서도 '늘 어른 속에 포위되어 있는 어린이와 같은 느낌'이었다는 것입니다.

그런 까닭인지 그는 이십대 젊은 나이로 미국의 대부호가 되었지만, 가난했던 시절을 기억하기 위해서 언제나 부랑자 스타일을 고집했다고 합니다. 또한 가난했던 그의 어린 시절에 대한 기억은 많은 작품 속에 고스란히 드러나 있습니다.

버려진 아이와 함께 사는 가난한 남자의 이야기를 그린 「카드」나 비루먹은 개를 데리고 사는 한 남자의 이야기를 그린 「개의 생활」 등은 채플린 자신의 어린 시절에 대한, 생생한 기억이 없었다면 결코 만들어질 수 없는 작품이었습니다. 그는 늘 자신의 소년 시절을 '수렁에 빠진 것과도 같은 비참한 생활'이라고 표현했을 정도입니다.

그의 부모는 채플린이 태어난 지 1년쯤 되던 해에 별거했습니다. 그의 어머니는 채플린과 그보다 네 살 위인 배다른 아들을 데리고 런던의 슬럼가에 거주했습니다. 그리고 그의 아버지가 제대로 생활비를 보내 주지 않아서, 어머니가 삯바느질을 하는 것으로 아이들을 키우며 근근이 먹고살았습니다. 그야말로 하루 끼니를 걱정해야 하는 지독한 가난이었다고 합니다. 언제나 더 이상 꿰맬 수 없을 정도로 해진 옷을 입었고, 신발조차 제 것이 없을 정도였습니다. 그래서 아이들은 하루 한 번씩 식사를 얻어 오는 빈민 구호소에 갈 때에도 어머니의 신발을 신을 수밖에 없었다고 합니다. 게다가 그의 어머니는 정신병이 있었는데 끝내 낫지 않았습니다. 그러나 그는 어머니의 모습이 항상 아름다웠다고 말합니다. 그는 그의 자서전에도 '어머니의 얼굴은 꽃다발 같았다.'라고 적고 있습니다.

어린 채플린의 어머니는 한때 노래도 부르고 무언극도 하던 떠돌이 배우였습니다. 그녀는 집에서 여러 가지 연기로 자녀들을 즐겁게 해 주었는데, 채플린의 연기에 대한 열정도 이때부터 싹트기 시작했다고 합니다. 그는 어머니에게서 갖가지 연기하는 법을 배웠다고 합니다.

"어머니의 무언극은 내가 지금까지 본 것 중에서 가장 훌륭했다. 어머니의 춤을 보고 있노라면 얼굴이나 몸짓만으로 감정을 표현하는 기술뿐 아니라 인간 그 자체를 배울 수 있었다."

채플린에게 있어 어머니는 살아 있는 연기 교과서였습니다. 그에게 인간에 대한 사랑이 가득 담긴 예술적 감성을 일깨워 준 최초이자 최고의 교사였던 것입니다. 그는 오랫동안 어머니에 대한 그리움을 안고 살았습니다. 비록 가난한 생활에 시달려 초라한 어머니였지만, 그에게는 세상의 그 누구와도 비교할 수 없는 아름다운 사람이었습니다.

이처럼 그가 어머니를 아름답게 생각하는 것은 그녀에게서 받은 깊은 사랑 때문입니다. 아이들에게 소중한 것은 널찍한 집도 좋은 장난감도 아닙니다. 무엇보다도 중요한 것은 자신이 부모의 사랑을 받고 있다는 안도감인 것입니다. 그토록 어려운 환경에 놓였던 채플린이 나쁜 길로 가지 않고 바르게 성장할 수 있었던 것도 이러한 애정을 느끼고 있었기 때문일 것입니다.

그가 빈민 구호소에 있을 때의 일입니다. 또 다른 구호소에 있던 어머니가 그에게 면회를 왔습니다. 당시 채플린은 백선에 걸려서 빡빡 머리에 요오드팅크를 잔뜩 바르고 때에 전 손수건으로 싸매고 있었습니다. 너무도 비참한 몰골이었지만 그의 어머니는 채플린을 보고 한바탕 웃더라는 것입니다. 그리고 그를 가슴에 꼭 안고 따뜻한 카스를 하더니 이렇게 말했다고 합니다.

"그래, 얼마든지 더러워도 괜찮아. 너는 정말 귀여운 아이란다. 어떤 모습을 하고 있더라도 사랑스러운 내 아들이라는 사실은 변하지 않는 것이지."

이 말을 채플린은 죽을 때까지 잊지 못했다고 합니다.

나눔의 삶을 가르쳐 주다
─ 페스탈로치의 부모

요한 하인리히 페스탈로치는 평생을 교육과 자선 사업에 바친 근대 교육의 선구자로 불립니다. 참다운 교육만이 올바른 사회를 만든다는 신념을 실천함으로써 세계의 교육자들에게 많은 영향을 끼쳤기 때문입니다. 그는 루소가 쓴 『에밀』의 영향을 받아, 고아원을 연 이후로 여러 빈민 학교를 설립하여 사랑과 신앙을 바탕에 둔 교육 이론을 실천하였습니다. 사랑을 바탕에 둔 참교육으로 사람들의 마음을 맑게 하는 일이 사회악을 없애는 유일한 방법이라는 것이 하인리히의 신념이었습니다.

하인리히는 스위스의 취리히에서 독실하기로 유명한 기독교 집안에서 태어났습니다. 그가 다섯 살이 되던 해, 의사였던 아버지가 세상을 떠나자 집안은 가난에 쪼들리기 시작했습니다. 하루는 하인리히의 어머니인 수산나가 두 아들과 갓난 딸을 데리고 친정집에 찾아가자, 그녀의 오빠인 호토 박사는 자신과 함께 살기를 간곡히 권했다고 합니다. 갑자기 남편을 잃고 넉넉지 않은 살림 속에서 세 아이를 키워야 할 동생이 너무도 가여웠던 것입니다. 그러나 수산나는 단호히 거절했습니다.

"어떤 어려움과 고생이 있더라도 아이들 교육만은 제 힘으로 시키겠어요."

수산나는 다시 한 번 어떠한 일이 있더라도 아이들을 훌륭히 키우겠다는 결심을 하고 취리히의 집으로 돌아왔습니다. 생활고를 이겨 내기 위한 수산나의 노력은 눈물겨웠습니다. 삯바느질은 물론 한 번도 해 보지 않은 허드렛일도 마다하지 않았습니다. 하지만 살림은 언제나 빠듯했습니다. 여자 혼자의 힘으로 세 아이를 키운다는 것이 그만큼 어려웠던 것입니다.

그녀는 늘 일하다가 지쳐 잠이 들곤 했지만 항상 밝은 표정을 잃지 않았습니다. 한편으로는 아이들의 교육에 대하여 끊임없는 관심과 노력을 기울였습니다. 더러 아이들이 갖고 싶은 것을 사 주지 않는다고 불평이라도 하면 그녀는 이렇게 말했습니다.

"세상에는 우리보다 더 가난하고 어려운 처지에 있는 사람들이 많단다. 그러니까 우리는 오히려 그 사람들을 도와야 하는 거야."

실제로 그녀는 쪼들리는 생활에도 불구하고 늘 먹을 것과 옷가지들을 모아 두었다가 고아원에 보내곤 했습니다. 자신의 자녀들이 어려운 생활을 하는 것도 마음 아팠지만, 부모도 없이 어렵게 살아가는 아이들의 고통을 먼저 생각했던 것이지요.

초등학교에 들어간 하인리히는 방학 때마다 할아버지 댁에서 지냈습니다. 목사인 할아버지는 수시로 하인리히와 함께 산책을 하면서 많은 이야기를 들려주었는데, 이때의 경험이 그의 인격 형성에 많은 도움을 주었다고 합니다.

하인리히는 어릴 때부터 무척 담대한 아이였습니다. 또 유난히 고집이 강해서 '고집쟁이 하리'라는 별명으로 불리기도 했습니다. 하루는 학교에서 공부를 하고 있는데 별안간 교실이 심하게 흔들렸습니다. 지진이 났던 것이지요. 깜짝 놀란 아이들은 어쩔 줄을 모르고 우왕좌왕하다가 선생님을 따라 교실 밖으로 뛰어나갔습니다. 잠시 후에 금방 무너지기라도 할 듯 요동을 치던 학교 건물이 잠잠해졌습니다. 이제 지진이 멈추었다고 생각한 선생님은 아이들에게 그만 집으로 돌아가라고 말했습니다. 그러나 아이들은 집으로 가려고 해도 가방과 모자를 교실에 두고 나왔기 때문에 어쩔 줄 모르고 서 있었습니다. 심한 지진에 놀란 아이들은 다시 교실에 들어가기가 몹시 두려웠던 것입니다. 서로 얼굴만 바라볼 뿐 누구도 먼저 교실에 들어가려고 하지 않았습니다. 그때 하인리히가 나섰습니다. 아이들은 지진이 또 일어날지도 모른다면서 하인리히를 말렸습니다. 그러나 하인리히는 아이들의 만류에도 불구하고 이층에 있는 교실로 뛰어 올라갔습니다. 다행히 다시 지진이 나지는 않았고, 하인리히는 아이들의 모자와 가방을 모두 가지고 밖으로 나왔습니다. 아이들은 하인리히의 용기에 박수와 환호성으로 보답했지만, 이때부터 '고집쟁이 하리'라는 별명이 붙게 되었던 것입니다.

하인리히는 아버지가 죽기 전에 한 말씀을 항상 마음속 깊이 간직하고 있었습니다.

"늘 용기를 잃지 마라. 용기 있는 사람만이 남에게 도움을 줄 수 있단다. 아버지는 사람들의 병을 고쳐 주었지만, 너는 사람들의 마음을 고쳐 주는 의사가 되어라."

이러한 아버지의 말씀에 따라 하인리히는 다른 사람의 고통을 헤아리는 마음을 갖는 것은 물론 딱한 사람을 보면 최대한 도와주었습니다. 지진에 대한 무서움도 잊고 아이들의 가방과 모자를 가져다 준 것도 이런 마음 때문이었던 것입니다.

1764년, 하인리히는 목사가 되기 위해 취리히대학에 들어갔습니다. 이때 그는 '애국자단'이라는 모임에 가입하여, 나라의 번영에 이바지하고 모두가 잘사는 나라를 만드는 것에 대한 연구를 했습니다. 그 결과 '신학도 훌륭한 것이지만 농촌으로 가서 흙과 더불어 살자'는 생각을 하게 되었습니다.

대학을 졸업한 하인리히는 평소 마음먹었던 대로 고향으로 돌아가서 농사에 뛰어들었습니다. 이듬해에는 일곱 살 연상의 여인인 안나 슐테스와 결혼했습니다. 그녀는 하인리히가 어려웠던 어린 시절에 빵을 공짜로 주곤 하던 가겟집 딸이었습니다. 그녀 역시 성실하고 희생적인 사람으로 하인리히의 신념을 잘 이해했습니다.

하인리히는 아내와 함께 열심히 농사를 지어 거리를 방황하는 고아들을 데려다가 공부를 시키고, 여러 가지 일과 기술도 가르쳤습니다. 처음에는 하인리히 부부를 칭찬하던 사람들의 시선이 달라진 것도 이때부터입니다. 그들은 하인리히가 오갈 데 없는 고아들을 데려다가 일을 시켜서 이득을 취한다고 비난했습니다.

하인리히는 아이들에게 스스로 자립할 수 있는 능력을 키워 주기 위해 공부시키고 일을 가르쳤지만, 어려운 사람을 도와주는 것에 그쳤던 당시의 관행은 그의 새로운 교육 방법을 이해할 수 없었던 것이지요. 그는 적극적으로 나서서 사람들을 설득하기 시작했습니다.

"교육과 노동은 함께 이루어져야 하는 것입니다. 교육을 받았더라도 노동의 의미를 깨닫지 못한다면 그것은 죽은 교육이나 마찬가지입니다. 곧 학교와 일자리는 같은 의미를 가지는 것입니다."

하지만 사람들은 하인리히의 마음을 이해하려 하지 않았습니다. 결국 농사일과 고아들 돌보는 일을 함께 해 나가던 하인리히는, 빚에 시달리다가 그동안 애쓴 보람도 없이 일에서 손을 놓아야 했습니다. 고아들을 친자식처럼 돌보던 하인리히의 아내는 아이들과 헤어지고 나자 허탈감 때문에 그만 병석에 눕고 말았습니다. 하인리히는 눈앞이 캄캄했습니다. 신념을 갖고 하던 일도 못하게 되고, 아내마저 병든 데다 많은 빚까지 그를 괴롭혔던 것입니다. 다만 아내의 친정집에서 보내 준 돈으로 얼마간 빚을 갚았다는 것이 그나마 다행스러운 일이었습니다. 이렇듯 모든 사정이 어려워졌지만, 아이들 교육에 대한 하인리히의 열정만은 쉽사리 꺾이지 않았습니다.

그는 다시 거리를 떠도는 아이들을 데려다가 공부를 가르치기 시작했습니다. 그러나 처음 열 명의 고아들을 데려다가 시작한 이 빈민 아동 교육도 곧 경영난에 부딪쳐 문을 닫는 지경에 이르고 말았습니다. 하인리히 혼자의 힘으로 고아들을 보살피면서 공부를 가르친다는 것이 경제적으로 역부족이었던 것입니다. 일단 빈민 아동 교육 사업에 실패한 하인리히는 자신의 경험을 책으로 쓰기로 마음먹었습니다. 지난 7년간 고아들을 기르고 가르친 경험을 책으로 써서 같은 일을 하는 다른 사람들에게 도움을 주고, 더 많은 사람들의 호응을 얻기 위한 것이었습니다.

그는 먼저 『은자隱者의 황혼』이라는 제목의 책을 써서 발표했습니다. 이 글에서 그는 '인간은 교육의 힘에 의해서 보다 훌륭해질 수 있으므로, 아무리 가난하고 어려운 상황이더라도 교육을 시켜야 한다'고 주장했습니다. 이듬해에는 『린하르트와 게르트루트』라는 책을 펴내어 큰 반향을 불러일으켰습니다. 또한 빈민 아동 교육에 관한 하인리히의 주장을 이해하고 이에 동참하려는 사람들의 지원이 줄을 이었습니다.

1798년, 52세의 하인리히는 슈탄스고아원의 원장이 되었습니다. 이 고아원의 원훈은 '일하면서 배우자'는 것으로, 일과 공부를 똑같이 중요하게 여기는 하인리히의 신념이 고스란히 담긴 것입니다. 이에 따라 고아원의 아이들은 낮에는 열심히 일하고 밤에는 졸음을 참으며 공부했습니다.

하인리히도 원장이라는 신분에 안주하지 않고 아이들과 똑같이 일하고 공부했으며, 여가 시간에는 아이들의 정서 함양에 도움이 되는 놀이를 함께 했다고 합니다. 그러나 그는 다시 한 번 시련을 겪게 됩니다. 그가 주장하는 '노동의 중요성'을 오해한 스위스 정부에서 교육 방법을 고치라는 지시를 내렸고, 그가 자신의 신념을 굽히지 않자 새로운 원장을 파견했던 것입니다. 또다시 오해로 인한 시련을 겪은 하인리히는 이에 굴하지 않고 1800년이 되던 해, 부르크도르프에 그토록 소원하던 빈민 학교를 열었습니다. 역시 '노동과 학업'을 가장 중요한 기치로 내걸었음은 물론입니다.

그 후 그의 시대를 앞선 교육 방법은 널리 알려졌습니다. 사랑을 바탕으로 한 빈민 아동 교육 사업도 전 세계로 확산되었습니다. 이리하여 자신의 불우한 처지와 숱한 사회적 어려움을 딛고 아동 교육에 평생을 바친 요한 하인리히 페스탈로치는, 근대 빈민 아동 교육의 선구자로 그 이름을 길이 남기게 되었던 것입니다.

성공에 기준을 두는 교육은 어렵다
그러나 행복에 기준을 두는 교육은 즐겁다

조미현 지음 | 자녀교육 | 신국판 | 240쪽 | 12,000원
ISBN 978-89-5639-200-4 (13370)

50가지 갈등 상황에 대처하는
현명한 솔루션 제시!

마티아스 핀헤르트 · 안드레아 캐스틀레 지음 | 자녀교육 | 신국판 | 288쪽 | 14,000원
ISBN 978-89-5639-237-0 (03370)